# 乗っ取られた箱舟

## アララト山をめぐるドラマ

森　和朗

鳥影社

# 乗っ取られた箱舟

## アララト山をめぐるドラマ

目次

# 乗っ取られた箱舟
## アララト山をめぐるドラマ

# はじめに
## 「嘆きの山」アララトとの対面

### コーカサス三国への旅

二〇一七年の初夏、トランス・コーカサスのアゼルバイジャンとグルジアとアルメニアを駆け足でまわった私は、聖書のノアの箱舟で名高いアララト山を、初めてこの目で見ることができた。

カタールのドーハで飛行機を乗り継いで、アゼルバイジャンの首都バクーに着くと、さっそく世界最大の湖であるカスピ海を見下ろす高台の公園に行った。水平線の彼方は青っぽく霞んでいたが、小さな波が打ち寄せる湖岸の水は薄茶色に濁っていて、とても地中海のような紺碧の海とは言いかねる。

それもそのはず、十九世紀後半のバクー周辺のカスピ海一帯は有数の石油生産基地で、一八九九年にはアメリカを抜いて、世界の石油供給の半分以上をまかなっていたのである。原油の探査や採掘、精製や販売を手がけるヨーロッパの会社が殺到して、バクーは石油ブームに湧いたという。

近隣のロシアやイランやアルメニアからも技術者や労働者が押しかけ、街の目抜き通りには、ロスチャイルドやノーベルなどのヨーロッパの名だたる大資本が、ピカピカの事務所を構えた。そうした繁栄の名残か、今でも石造りのビルが並び、なかにはギリシア神殿風の磨きあげられた石柱がファサードを飾っているものもある。

だが、このにわか景気も乱掘がたたって生産量が落ちたところに、ペルシア湾やアラビア半島で大油田が続々と見つかったために、石油都市バクーはすっかり影が薄くなってしまった。それでも、最近は海底油田が開発されて、生産量もかなり回復しているという。

カスピ海に沿って走るバスの車窓から眺めていると、湖底にパイプを打ち込んで石油を吸い上げるプラットフォームがいくつも目に入った。また、陸上では、昔ながらの跳ね釣瓶《つるべ》で細々と汲み上げているのどかな風景も見られた。

私が泊ったのは中心部からややはずれた中級ホテルで、ぐっすりと眠って長旅の疲れをとったあと、いつものように散歩に出かけた。自動車の行き交う広い道路から脇道に入ると、八百屋やパン屋や雑貨店が並んだどこにでもある庶民の町であった。

ふと私が足を止めたのは、肉屋の店先に枝ぶりのわるい一本の木が立っていて、そこに綱で繋がれた牛があたりかまわず小便を垂れていたからだ。かなりの年代物で、肉よりも骨の方が目立っていたが、小便の勢いはなかなかのものだ。しばらく立ち止まって牛と睨めっこしたあと、散歩を続けてまた同じ道を戻ってくると、牛はまだ小便を垂れ流し続けていて、足元のア

バクー市内から見たカスピ海

海底油田のプラットフォーム
掘削中の海底油田

スファルトのひび割れた道はまるで小便びたしで、そこから溢れた小便が側溝に流れ込んでいる。

通勤時間で会社勤めの若い女性も通り過ぎるが、誰もこの悟りきったような牛には目をとめようともしない。もし牛がこのまま何時間も同じような勢いで小便を流し続けていたら、この街路は洪水になってしまうのではないか？……

そういえば、夢の中で山に登って放尿したら、それが国中に流れ出して大洪水になったという言い伝えが韓国にはある。子供のころ夢を見ながらいい気分で思いっきり寝小便をして、敷布団を水びたしにした記憶はないだろうか……

もしかしたら、あの牛は数日前から屠殺されるのに気づいていて、今生の名残にとありとあらゆる水をがぶ飲みして、胃袋をはちきれんばかりに膨らませて小便を垂れ流しているのではないか。

オーストラリアの原住民の間で語り継がれた話によると、その昔、世界中の水が一匹の巨大な蛙に呑みこまれてしまい、人間も動物も水ひでりに苦しんだ。みんなで知恵を絞ってわるふざけをして蛙を笑わせようとしても、ほんの数滴が口からこぼれ落ちるだけである。一匹のうなぎが身をよじってくねくね腰を振って踊ると、いたたまれなくなった蛙はついに笑いくずれて、大量の水を横にひしゃげた口からどっと溢れさせた。その水は勢い余って大洪水となり、多くの人が溺れ死んでしまったという[1]。

こんなことを考えながらホテルへ戻ってみると、一緒に旅行していた人のなかに高級カメラをぶら下げた人がいて、あの牛と肉屋のことを教えたところ、二十分ほどして意気揚々と帰ってきた。牛が解体されて商品の肉に切り分けられるまでの一部始終を撮影してきたので、モニターで見せてあげると言われたが、ビフテキが喉を通らなくなるのではないかと思って、ご遠慮申し上げた。

バクーに着いたとたんにこんな血と小便による強烈な洗礼を受けて、ここが遊牧民の世界であることをいやというほど思い知らされた。

そこからまたバスに乗ってカスピ海の沿岸を走ったあと、バクー空港から北隣の国グルジア（今はジョージアと呼ばれている）の首都トビリシに向かった。ここは緑が濃く、山々も近くに迫っていて、もうすっかりコーカサスの雰囲気である。ここからはしっかり舗装された「軍用道路」が北に延びていて、これを通っていけば山岳民族のチェチェン人の居住地を遣り過ごして、ロシア本国に達することができる。

そもそもなぜこの道が「軍用道路」などと呼ばれるようになったかといえば、十八世紀末に黒海とカスピ海の間を抜けてペルシアやトルコへの進出を目論む、ロシア帝国の女帝エカテリーナ二世が建設を命じたからである。そして、この道をロシアの大軍が行進して、まずいわゆるコーカサス三国、比較的弱小のアゼルバイジャン、グルジア、アルメニアを征服して、ロシアの勢力圏に取り込んでしまったのだ。

現在、この軍用道路を戦車などが走ることはめったにないらしいが、タンクローリー車やコンクリート・ミキサー車、食糧を積んだ大型トラックなどがひっきりなしに通り過ぎいく。私たちの乗ったバスもそれらの車に混じって北へ向かったが、だんだんまわりの山が深くなってきて、高い峰々は白い雪をかぶっている。五千メートル級の山もあって、本物のコーカサス山脈に近づいたことが実感される。

## 初対面のアララト山

平地に降りたあと一時間ほど野菜畑や草原の間を走ってアルメニアとの国境に着くと、そこで全員がバスから降ろされた。リュックサックを背負い、スーツケースを引っ張りながら国境を越えて、十分ほどでアルメニア側の検問所に着いたが、日本人の団体客ということでさして難なく通り過ぎることができた。

最近はグルジアとアルメニア両国の関係はさほど緊張していないらしいが、それでも、言語や宗教が異なる小国が隣り合う厳しさは相当なもののようだ。

アルメニア最大のセヴァン湖には午後の光がきらめいていたが、日が傾くにつれて、時折通り過ぎる村のまばらな家々の灯が明るくなり、それは少しずつ明るさと数と頻度を増していって、やがてソ連による統治時代に整然と区画された首都のエレヴァンに入ると、広々とした道路には光や色があふれて、バスはホテルの前に止まった。

明日はいよいよアララト山に会えるかと思うとなかなか寝つけなかったが、夜が明けそめるのを待ちかねて、近くの国道に架かる橋に駆けつけると、朝焼けがかすかに紅をさしたアララト山が、折り重なる住宅の屋根越しに靄を透かして悠然と聳え立っていた。

このごろはエレヴァンも自動車の排気ガスが立ち込めてきて、六〇キロほどしか離れていないアララト山がすっきりと見えるのは少なくなったとガイドは言っていたが、その日はほどよい風が吹いていたせいか、まずはラッキーだと言うほかはない。

朝食をすませると、アララト山を間近かで見られるヴューポイントへ出かけた。空はますます晴れわたり、時どきバスの車窓から姿をのぞかせるアララト山は、山襞に積もった雪までくっきりと見られる。要塞の跡に建てられたホル・ヴィラップ修道院の手前でバスを降りて、薄緑色の若芽をふき出した葡萄畑をしばらく歩くと、半分近くを純白の雪に覆われたアララト山が目の前にどっしりと控えていた。五一六五メートルの頂上には綿菓子をちぎったような雲がふんわりとひっかかっていたが、そこから右にのびたテラスのような山肩も雪をかぶって、まばゆい光が反射しているばかりである。これが夢にまで思い描いてきたアララト山そのものなのだ。

大洪水に押し流されたノアの箱舟が水が退いたあとに留まったというのは、きっとあの雪と氷のテラスの上ではないか。もし箱舟が聖書が言っているような怪物のような巨艦であるとしたら、あの頂上には引っかかりようがなく、それが横たわることができるのはテラスの上しか

首都エレヴァンから見た大アララト山（5165 メートル）

トルコ国境の向こうの大アララト山

ないように思えるからだ。

しばらく佇んで山と対座していると、すぐ目の前になだれ込んでいる山裾まで駆け寄ってみようという衝動に駆られる。しかし、それは無理な企てらしい。というのは、私たちがいる所と山との間には国境線が引かれており、アララト山は裾野まで含めてすっぽりとトルコの領土になっていて、川沿いに張られた鉄条網で越境ができないからだ。

アルメニア人にとって、このアララト山は紀元前の古代国家の時代から聖なる山であり、崇拝の対象であった。アルメニア国家の遠い祖先であるウラルトウ国家は、当時の世界帝国ともいうべきアッシリアと戦って、さんざん苦しめた強国であったが、そのウラルトウが音韻変化して「アララト」になったとされている。考古学者のアンドレ・パロも、「旧約聖書を通じてアララトは確かにアッシリア碑文のウラルトウに当たる国の名である」と書いている。[2] つまり、アララトという山の名前そのものが、この地域のかつての栄華をとどめているのである。

そういえば、現地で手に入れたアルメニアの地図には、「アララト」という地名は記されていても、アララト山はいくら探しても見つからない。また、英文のガイドブックに載せられた地図にも、Mt. Masis（Big Ararat）とさりげなく書かれているだけである。何か「アララト山」そのものを避けているようにも思えてくる。（ちなみに、海外旅行ガイドブックの『地球の歩き方』のトルコ編には「アール山」として、反対側から撮ったカラー写真とともに載せられており、山の高さは五一三七メートルと記されている。）

おそらく、誇り高いアルメニア人にとって、トルコに分捕られてしまったアララト山など、聞くのも見るのも堪えられなかったのだろう。それなのに、天気さえよければ、この山は首都のエレヴァンをはじめ、国のかなりの範囲で見ることができるのである。見ようと思えばいつでも見えるから、それだけ始末がわるいのだろう。

アララト山は、そのまわりで古来から戦いが繰り返されたことから、「大いなる苦しみの山」とも呼ばれてきたが、皮肉にも、その呼び名が現実そのものになっているのである。

イスラエル人にとって、破壊されたソロモン神殿の壁は、「嘆きの壁」となって今でも多くの人たちが祈ったり、接吻したりしている。

アルメニア人にとって、アララト山は「嘆きの山」以外の何ものでもないが、彼らの嘆きは、蒼く澄みわたった空にむなしく響いているようだ。

# 第一部　闇に漂う箱舟

# 第一章　メソポタミアの箱舟

## 新発見された箱舟

ノアの箱舟の大洪水の話は、キリスト教徒以外にもよく知られているが、私たちはそれをただの神話のようなものだと思っているのではないか。

しかし、キリスト教徒、とりわけアメリカ人には、それを歴史的な事実だと受け取っている人が多いようだ。聖書は神から聴いた言葉をそのまま記したものであるから、そこに架空の話が紛れ込んでくるはずがない。いや、ノアの箱舟はまだスケールの小さな方で、無限の宇宙そのものが神の創造によるものだと信じている人が、アメリカ人の半分以上もいるということだ。二〇一五年に世界中から投票を募るコンピューターのサイトが、「世界の創造は神によるものか、それとも、ビッグバンによるものか」というアンケートをしたところ、神による創造を支持する割合が、アメリカ人では突出して高くて、五八パーセントにものぼったという[1]。

このように神が世界を創造したと信じるなら、その神は世界を滅亡させることもできると考えるのは、自然であろう。神が送り込んだ大洪水で人間が絶滅したとしても、ノアとその一族だけは箱舟に逃げ込んで助かったという旧約聖書の記述を、それほど心理的な抵抗感もなく読むことができるだろう。

それでは、聖書のなかでノアの箱舟と大洪水がどのよう記されているか、見てみることにしよう。

「創世記」の六章にはこう書かれている。――「主は人の悪が地にはびこり、すべてその心に思いはかることが、いつも悪い事ばかりであるのを見られた。主は地の上に人を作ったのを悔やみ、心を痛め、『私が創造した人を地からぬぐい去ろう』と言われた。(2)」

こう決意したものの、神にもいくらか気が咎めたのか、人間のなかでも例外的な善人であるノアだけにはそっと告げ口して、「自分は間もなく人類を滅ぼす大洪水を地球にもたらすが、お前は今すぐ箱舟を作って家族とともに乗り込め」という特別の忠告を与えた。ノアがそれを実行して、人間が滅亡した後も彼とその一族だけは生き残ったという話は、あまりにも有名であるから、くどくど書くまでもない。

ところが、神すらも予測することができなかった、青天の霹靂のようなことが起こった。神が禁じておいた知恵の木の実を人間がたらふく食べたために、知恵がつきすぎてしまって、十九世紀ともなれば、科学なるものが神を置き去りにして、どんどん独り歩きするようになってしまったのだ。

色々な科学が競い合うように発展していったが、そのなかにはのろまの部類に属する考古学も加わっていた。地中深く埋まった遺跡を発掘したり、そこから見つかった粘土板や羊皮紙に書かれた文字を解き明かす技術が、急速に発達していったのだ。

　そして、ついに来るべき時が来たのである。


　時は一八七二年、ロンドンの大英博物館に勤めていて、粘土板に刻まれた楔《くさび》形文字がかなり読めるようになったジョージ・スミスは、古代アッシリアの首都ニネヴェの王宮書庫から出土した粘土板文書を調べていて、あっと驚くような発見をした。後になって『ギルガメッシュ叙事詩』と呼ばれるようになったものの一一番目の書版のなかに、聖書のノアの箱舟の記述に細部までよく似たことが書かれていたからである。

　スミスが自分の発見を聖書考古学協会で発表すると、当然のごとくセンセーションを呼び起こした。これまで聖書は神の言葉を書きとめたものだ信じ込んでいた、欧米のキリスト教徒たちは、聖書のなかの最も有名な挿話の一つに種本があると指摘されて、開いた口がふさがらなくなっただろう。

## ギルガメッシュ叙事詩の中の箱舟

　それでは、古代メソポタミアのアッカド語から日本語に訳された叙事詩の一部を、ざっと見ることにしよう。

ある日、ユーフラテス河に沿ったシュルッパクに住む神々が会議を開いて、大洪水を起こすことを決めた。集まった面々は神々の父にして天空の神たるアヌ、大気を支配する神で実力者のエンリル、大地と水を司って知恵も抜群のエア（エンキとも）、それに水路監督も務めるエンヌギなどである。

そうは決めたものの、人間を滅亡させれば神々にもとばっちりがくるのを恐れたのか、彼らは葦の小屋に向かって大声で叫んだ。「葦屋よ聞け、壁よ考えよ。家を打ち壊し、船を作れ。持ち物をあきらめ、命を救え！」

こうした神々の声が義人中の義人のウトナピシュテムの耳に達したので、彼は葦でできた家を解体してそれを瀝青やチャンで塗り固め、間口と奥行きの等しい船を作った。「私は家族や身寄りのものののすべてを船に乗せた。野の獣、野の生き物、すべての職人たちも乗せた。」

太陽が昇って輝きだすと、空の果てから黒雲が湧き上がってきた。六日と六晩にわたって風と洪水が押し寄せ、台風が国土を荒らした。そのあまりのすさまじさに神々は驚き慌て、犬のように縮こまって、外壁に身をこすりつけていた。豊穣と多産の女神イシュタル（イナンナとも）が悲しみの叫びをあげると、神々も彼女とともに泣いた。メソポタミアの神々は非情でも無情でもなかったのだ。

それから七日目がやってくると、さすがの大洪水の嵐も天との戦いに敗れた。空は静けさをとり戻したが、人間はみな元の粘土になってしまっていた。一面の廃墟のなかで、箱舟はニシル山に留まって動かなかった。それから濁流が少しずつ退き始めたので、ウトナピシュテムが鳩を放してやると、まだ止まるところが見つからなかったのか、すぐ帰ってきた。燕も同じようであったが、三度目の大烏は船の上をぐるぐる回ったあと、もう戻ってはこなかった。九死に一生を得た彼は犠牲を捧げたあと、山の頂にお神酒を注いだ。ご覧のごとく、これはまるでノアの箱舟をなぞっているようでないか。いや、真実はその逆で、ノアがその物語をなぞっているのである。

そこで、箱舟が止まったとされるニシル山とはどんな山で、どこにあるかが気になるが、アララト山から少し南へ降って、イラクに近い現在のクルディスタンにある山ではないかと言われている。

地上を覆ったあまりの惨禍に、大洪水を主導した実力者エンリルの強引なやり方に神々の批判が集まったが、彼は「大なる神々の秘密を明らかにしたのは私ではない。アトラ・ハシースに夢を見せたら、彼は神々の秘密をききわけたのだ」などと弁解にあいつとめていた[3]。

### メソポタミアの神々と洪水伝説

ところで、『ギルガメッシュ叙事詩』の最後に出てきたアトラ・ハシースとは「最高の賢者」という意味であるが、彼を主人公にした物語を記した粘土板も見つかっている。

アッカド語で記された主文は三部から構成された長いもので、そのほかにもアッシリア語で書かれた異文も発掘されている。以下ではそのなかから私が適宜ピックアップして、一つのまとまったストーリーにしてみた。(4)

チグリス河とユーフラテス河が上流から運んできた砂や粘土が、ペルシア湾に近づくにつれて堆積してできたのが、メソポタミアである。——メソポタミアとはギリシア語で両河の間の土地を意味する——この地帯は、冬から春にかけては低気圧が通るたびに両河が溢れて洪水になり、夏になれば上流の高山地帯から雪解け水が流れ落ちてきてまた洪水に見舞われる。天然のままでは湿地を好む葦のほかには、ナツメヤシすら育たない不毛の土地であるが、粘土の土地はやわらかくて作業がしやすいうえに、栄養分をたっぷり含んでいるから、堤防や運河を作って河の流れをコントロールすることができれば、いつでも豊かな収穫をもたらす絶好の農地になる。

物語では、堤防や運河づくりというしんどい仕事を最初に担ったのは、神々であった。というのも、人間はまだ創造されていなかったからである。そこで、この過重な労働を人間に肩代わりさせようということになり、手始めに、神々の仲間の一人を殺してその血と肉を粘土と混ぜ合わせて、大量の人間を生産したのである。

そこまでは計算通りであったが、今度は人間が増え過ぎたうえに、作業する掛け声などがうるさくなり、その騒音で神々は安眠することもできなくなってしまった。そこで、神々は会議を開いて人間を全滅することに衆議一決し、大洪水がまた地上を襲うことになったというわけだ。

まことに、勝手と言えば勝手であるが、神々とはもともとそのようなものであるのかもしれない。

それからまた、同工異曲の物語が展開されるが、神々の秘密を告げられた相手が最初に登場したアトラ・ハシースであるのと、嵐と洪水の描写が一段と凄みを増しているのが、違いといえば違いであろう。たとえば、「洪水は雄牛のごとく吠え立てた」とか、「氾濫が始まり、神々の戦車はあたりをはらって前進し、殺し、押し進む」とかというように。

これまで述べた二つの洪水神話は、いずれもアッカド語によるものであるが、それよりもさらに古いシュメール語による洪水伝説も見つかっている。

「歴史はシュメールに始まる」と言われるように、メソポタミアでいちばん早く文明が開けたのは、最もペルシア湾に近いシュメールの地であり、それがすぐ北に位置するアッカドに伝わり、それがさらに北のアッシリアとバビロニアに拡がっていったとされる。

ついでに、メソポタミアの各文明が発達した時期を見てみると、シュメールが紀元前三千年以前から二六〇〇年ごろまで、その後を継いだアッカドが紀元前二四〇〇年ごろまでの二百年間、それに続いたバビロニア王国は多少の盛衰や断絶はあったものの、千五百年以上も繁栄し、メソポタミア文明のしんがりともいうべきアッシリアは、バビロニア時代と一部重なりながら圧倒的な武力で強盛を誇り、紀元前八〇〇年ごろから帝国としてペルシア方面まで勢力を伸長させ、その広大な征服地に猛威を揮ったのである。

## 「歴史はシュメールに始まる」――箱舟の原型

ここで、歴史の振出しのシュメールに戻って、改めてその洪水伝説を見てみると、語り方は素朴であってもまことに力強い。（粘土板の破損がひどいので、想像力で補わなければならないが。）

残された断片は、まず神を思わせる「私」の独白から始まる。――「私は私の被造物を破滅させるのをやめさせたい。人々を彼らの住処に私は戻してやりたい。彼らの町々を彼らは建てるだろうよ。（その町に住むことで）私は彼らを和やかにしてやりたい……大地は灌漑されるだろう。私はそこで安楽にしていたい。」

このような「私」の切なる願いにもかかわらず、神々の会議はどうやら人間を破滅させる謀議を進めたらしい。

「浄らかな女神のイナンナは、人間を哀れんで悲痛な叫びをあげた。……天地の神々は（人間を滅亡させることを）誓ってしまったのだが。」

そこで、神々は例の奥の手を使う。王にして神官であり、毎日謙虚に儀式を行うジウスドウラに、側壁を通して囁きかけたのだ。「私はそなたに言いたい。首都の上を洪水が暴れ過ぎるだろう。人類の種を滅ぼすことが、神々の会議で決まったのだ。」

その言葉の通りに、巨大な破壊の力を持った台風が暴れ過ぎた。七日七晩、ジウスドウラが乗り込んだ巨船が水の上をあちらこちらへ吹き漂わされてから、また太陽が昇ってきて、天地に光を放ったのだ(5)。

王ジウスドウラは、太陽神ウトウの前にひれ伏したあと、牛と羊を屠って感謝の犠牲を捧げた。神々は人類の子孫を救済した彼を、海の彼方のディルムンの山に住まわせた。

この「ディルムン」というのは、ペルシア湾のバハレーン島にあるとされ、清らかで甘い真水が汲めども尽きぬほど湧き出して、たわわに実をつけたナツメヤシの濃緑の林が茂る、まるでエデンの園のようなところだとも言われている。

このシュメールの洪水伝説こそは、ノアの箱舟の原型のようなものではないか。神々から秘密を打ち明けられて、危機から脱出する人物は異なっても、同じようなパターンが繰り返されるのである。

やわらかい粘土に葦を削ったペンで刻みつける楔形文字をこのシュメール人が作り出したのは、紀元前三千年ごろだとされているが、この洪水物語がそれからそれほどたたないうちに書かれたとしたら、それは現在から五千年も前のことだということになる。

都市国家としてのシュメールは、紀元前二五〇〇年には滅んだとされているが、それによってシュメール語は口を通しては語られなくなっても、文章語はその後も長く残ったという。それどころか、シュメール語はアッカド時代以後になっても、ヨーロッパのラテン語のように古典語として尊重され、粘土板に記されたシュメール語の文章が、学校などのテキストになって、熱心に学習されたということだ。

また、その書記学校の生徒たちのために、バビロニア語の教科書も大量に作られ、十九世紀以後になって、『ギルガメッシュ叙事詩』のようなものが続々と発掘されたのも、そのおかげだと言われている。

## 最高神のいないメソポタミアの神話世界

これまで箱舟に乗りこんだつもりでメソポタミアの神話世界を漂流してきたが、そこで活躍している神々は、私たち人間からそれほどかけ離れた存在ではないようには思われないか。それもそのはず、メソポタミア神話では、人間は神々の血と粘土をこね合わせて造られたとされているから、人間はもともと神々との「混血児」なのである。神々は永遠の生命と優れた知恵に恵まれているとしても、その感情や欲望は意外と人間によく似ているではないか。神々も人間と同じように怒り心頭に発したり、泣きわめいたり、あるいは、恋に身をやつすこともあるのである。

その一方、人間も神々ほどではないにしても、それなりの知恵も才覚も持ち、理性的な判断も良心的な行動もほどほどにできるのではないか。

またメソポタミアの神話世界には、宇宙の万物を創造したうえに、それを独裁的に支配しようとする最高神なるものも見あたらない。天空の神とされるアヌがそれに相当するとされるが、地上を蒼穹で覆ってしまったら、宗教学者のエリアーデが言っている「暇な神」のようなものになって、もうすっかり隠居状態なのである。

もう一柱、精彩を放っているのは大地と水の神エンキで、理性と知性でも抜きん出ているとされているが、ギリシア神話のアポロンのようには光彩陸離とはしていない。それに、主管している深淵の水のコントロールすら思うようにはできないではないか。

そのほかにも、太陽神のウトウや月神のナンナルがいるが、多神教の世界ではそのような神はどこにでもいる。

これまであげた男神に比べると、女神たちは多彩で粒ぞろいである。人間を生み出したアルルと地母神のニンフルサグがいて、穀物の実りばかりか書記術や学問まで面倒を見るニダバがいて、弁舌さわやかな出産の女神ニントウがいて、それに、一番魅力的なイナンナがいる。彼女は人間に豊穣や子宝をもたらすほかに、戦いにも参加する男勝りの面もあるが、ローマのヴィーナスにつながる美と愛の女神でもある。

## 議論するメソポタミアの神々

事実上、最高神がいないメソポタミアの神々の世界では、何か重要なことをするときには神々が集会を開いて、議論を闘わせたあとで、決議しなければならない。騒音を立てる人間を滅亡させるために大洪水を起こす前にもそうしたが、それが地上を荒廃させた後にもまた神々は集まった。(6)

多くの子孫を洪水でさらわれた出産の女神ニントウの唇は震えていた。働き者の人間がいなくなって、出席した神々は渇きと飢えのうちに座っていた。前の集会を引っ張っていった実力者のエンリルは、さもうんざりした表情で「どうしてこの私が人間の全滅を命じただろうか」と逃げを打った。

出産の女神ニントウは悲嘆にくれていた。彼女は泣いて高ぶった気持ちを鎮めようとした。泣くのもまた、女神の武器の一つであろう。

「神々もまた彼女と共に、大地のために泣いた。ニントウは悲しみに飽食し、ビールを飲みほしたあとのように、渇きを覚えた。」

ニントウは立ち上がって、まわりの神々を見渡した。——「私たちの頭領のアヌはどこへいかれたのか？」

実力者のエンリルは悪びれるふうもなく、のこのこと供物の山の前に出てきた。ニントウは声を高めって言った。——「あなた方はすべての破滅の決議をなさり、いまや人間の顔は暗くなってしまった。彼の悲しみは私の悲しみです。さあ、私の運命を決めてください！　人間をして私をこの悲嘆から逃れさせ、私を救うようにしてください！」

頭領のアヌはやっと重い口を開いて言った。「いったい、どうして人間は破滅を逃れて生き延びることできたのか。エンキ以外の誰がそうすることができようか。」

そこで、知恵と理性の神エンキは神々に向かって言った。——「まことに私があなた方の前でそれをしたのです。私には生命を救う責任があります。」エンキは決然としてこう言うと、さらに言葉を続けた。

「あなた方はあなた方の罰を罪人にかぶせ、あなた方の命令を無視するものは誰であれ……」

まことに残念至極なことに、テキストではエンキの発言はここで途切れてしまっている。その後は、私たちがエンキの言わんとしたことを慮って、それぞれに続けていくほかはないだろう。

この文章には、「罰」と「罪人」といういわくありげな言葉が続けて出てくるが、まず人間がどんなことを考えたり行ったりすることが「罪」なのか、はっきりしない。最も単純に理解すれば、神々に罰せられるようなことを考えたり行ったりすることが「罪」なのだ、ということになろうが、それは形式的に罪を罰に結びつけただけで、罪そのものの内容には少しも踏み込んでいない。

もっとも、これは五千年も前の文章の断片であるから、罪と罰に明確な概念規定があるはずがなく、また、当時のメソポタミアの宗教はどのようなものであったか、いや、いくらかでも筋道だった教義体系があったかどうかも、不分明であるから、それについてどんなことと言っても、当てずっぽうにならざるをえないだろう。それでも、ここではその当てずっぽうを大胆にやってみることにする。

## メソポタミアの民主主義？

この文章から漠然とながら浮かび上がってくるのは、人間の思索や行動について、神々はあれこれせよとか、こうするのが正しいとか、こうするのが正しくないとかと、いちいちうるさい注文はつけてはいないということである。つまり、神々は人間に対して倫理的にそんなに厳しくはない、逆に言えば、人間の自由をかなりおおらかに認めている、ということになりはしないか。

それにしても、その寛容そうに見える神々が人間の罪を咎めるために大洪水を起こし、あわよくば全滅させようとしたのだから、そんなことがどうして寛容なのだと目をむく人もいるだろう。

それはその通りで、人間がどんな罪を犯したから神々はあんな大それた罰を下したかとなると、首をかしげざるをえない。神々が人間の罪だと言い立てたのは、人間が勤勉に働き過ぎて、歌ったり掛け声をかけたりして騒音を立てるから、自分たちが安眠を貪れないということぐらいのものである。こんなささいな「微罪」で人間を全滅させるというのは、罪と罰の対応が崩れ過ぎてはいないか。

それに、利害得失から言っても、自分たちの労働を肩代わりさせるために人間を造っておきながら、その人間が大洪水で流されて消えてしまったら、神々はまた額に汗して、運河の掘削や修理や浚渫のために働かなくてはならなくなるではないか。

神々のなかには強硬派や急進派がいれば、融通の利かない頑固者もいて、大集会を開いて議論すれば、ついついそんな連中の声に押し流されてしまうこともあろう。それが時の勢いだということかもしれないが、いざことが起こってしまうと、それを理路整然と批判する者も出てくるし、女神たちのように泣きわめいて感情的に反発する者も出てこざるをえない。

神々の反省集会は、跳ね上がり者に対する糾弾集会になりかねないのである。

このような神々の行いざまを見てくると、はるか昔のメソポタミア社会は、意外と民主主義が浸透しているようには思われないか。戦争とか遠征とか和平交渉とかのような全市民がかかわる重大な問題は、民会のようなものを開いて討議してから、決定されたとも言われている。

もちろん、「民主主義」といっても、古代ギリシアのアテナイのように制度的に確立されたものではないにしても、市民集会が頻繁に開かれて、都市の若者たちもその議論に加わっていたようである。

小林登志子氏によると、「シュメール王の碑文は、市民にアマギ（自由）を与えたことを伝えている」ということだ。このアマギとは、アマ（母）に子を戻す（ギ）、つまり本来あるべき姿にするという意味で、「近代以降の『自由』とは違い、奴隷から都市共同体の成員になることである。(7)」

奴隷はともかく、都市の市民の間には、一定の制度的な自由も認められていたようだ。

## 嵐と大洪水の襲来

シュメールの中心都市ウルは、数百年もの間、壮麗な神殿や贅沢な生活で繁栄を誇ってきたが、紀元前二千年代も後半なってくると、人民が動員できずに浚渫などがはかどらなくなり、塩害もひどくなって大麦などの穀物の収穫が落ちてきたところへ、北方のイラン高原からエラム人などがその豊かな富を狙って襲いかかってくるようになった。想像上の大嵐や洪水ではなく、本物のそれが近づいていたのである。

高くて堅牢無比の城壁に護られた都市の無残な崩壊をテーマとした、いくつかの「滅亡哀歌」が遺されているが、そのなかでも代表的なものの一つである『ウルの滅亡哀歌』を見ていくことにしよう。(これも全編で四三六行に及ぶ長大なものであるので、そのなかからストーリーが浮かんでくる部分を選び出すことにする。[8])

天から雄叫びをあげて攻めてくる大暴風は、運河に繋がれた船々に襲いかかって一呑みにしてしまう。それは洪水のごとく町々を破壊した。

祭りが催される広場には、死体がまき散らされている。国民の血は、鋳型に流される赤熱した鉄や銅のように窪地に注ぎ込まれた。

水路には泥が積もって、そこは狐の住処になっている。水はもうまったく流れない。

「私の家は廃墟になってしまった。私たちの町は他人の町になってしまった。……私は他所《よそ》の町の他所《よそ》者のごとくに、頭をぽかんと上げながら座っている。……女神ニンガルよ、あなたの涙は他人の涙になってしまったのだ。あなたの国土はもう泣きもしない。……あなたは涙のリラを大地に立てたのだ。」

最後になって、ニンガルの夫である月神のナンナルに呼びかける。――「浄らかな天の星のごとく、あなたの町は破壊されてはなりません。……ナンナルよ、あなたの民の罪を解きたまえ！」

悲しみにうちひしがれながら、なおも都市の再建を神に訴えている。

いくつもある滅亡哀歌のなかから、もう一つ、『ウルとシュメールの滅亡哀歌』を紹介してみたい。こちらは部厚い『古代オリエント集』には載せられていないので、岡田明子氏らの著書から引用することにする。この哀歌はよりリアルで、それだけに悲痛さがより切実に胸に迫ってくる。

まず第一歌から尋常ではない。――「母は子供を産まず、父は妻を呼ばず、若妻は愛撫を楽しまず、若者はひ弱で、乳母は子守唄を歌うことがない。」

荒廃は破壊された都市ばかりではなく、そこから投げ出された人たちの心や振舞にも及んでいる。これは二十一世紀の日本人のことをあてこすって書いたのではないかと、早とちりする人もいるのではないか。

第二歌になると、状況の描写はもっと具体性を帯びてくる。――「南ではエラム軍が逆巻く大波のように殺戮し、人々は大嵐に吹きまくられる籾殻のように散り散りになってしまった。」

キリスト教の聖書にもこのような表現が出てくるが、それは歴史的な事実ではなく、比喩として述べられているにすぎない。

第三歌はいかにも「哀歌」らしく、ぐっと詩的になる。――「輝く波止場の水が減って、灯心草がはびこり、嘆きの葦が蔓延した。祝祭もすっかり変わり、エンリル神の供物を届ける船の姿もない。水路には水がなく、船が航行できないからだ。」

チグリス河もユーフラテス河も、岸辺には太くて丈が高い葦がびっしりと生え、人々はそれによって家も舟も作り、短く切った先を尖らせて、粘土板を引っかくペンとして使った。まさしく、それは嘆きの言葉を書き連ねる嘆きの葦なのだ。

第四歌は、もう断末魔の叫びだと言ってもいい。――「飢えは水のように都市に充満した。人々は溺れたかのように口をぱくぱく開け、王宮では王が息も絶え絶えであった。(9)」

## サルゴン王による統一

人類の文明の黎明期に、まばゆい光芒を放ったシュメールも、都市国家の分立という限界を打ち破ることができず、衰退の道をたどっていったが、そのすぐ北隣にあるアッカドでは、サルゴンという英明な王が出現して、新たに考案された武器や盾や兜で身を固めた部隊を率いて各地を征服し、メソポタミアの世界に初めて政治的統一を成しとげた。

おそらく、このサルゴン王は、良馬の産地であるペルシア高原から強靭で脚の速い馬を輸入して、機動的な騎馬軍団を育てあげたのではなかろうか。父親を知らぬサルゴンは、嬰児のとき彼を産んだ女神官によって籠に入られてユーフラテス河に流されたが、果樹園で働く男がそれを見つけて助けたという、モーセとよく似た伝説が西アジアに広がっている。

「サルゴン王の碑文には、『アッカドの王にエンリル神は敵対者を与えない。エンリル神はサルゴンに上の海から下の海まで与えた』と書かれている。このようにペルシア湾から地中海まで支配することは、帝王たちに繰り返された世界制覇の先駆けとなった(10)。」

サルゴン王による広域的な中央集権国家の出現と、それに伴う官僚制の整備は、シュメールの没落に拍車をかけたであろう。紀元前二千年ごろになると、文明の地平に最初に昇った明星は、その歴史的な姿をすっかり消してしまったのである。

メソポタミア世界では、アッカドの北のバビロニアにハンムラビ王が出て、支配地域をさらに拡げるとともに、紀元前一七五〇年ごろには有名な「ハンムラビ法典」を制定して、中央集権的な統治体制を盤石のものに仕上げていくのである。

## 箱舟はなぜ出現したか

このような歴史の大きな流れのなかで、なぜシュメール時代に突如として箱舟なるものが現われたのか考えてみよう。

紀元前三千年紀が下がるにつれて、新たに勃興したアッカドやバビロニアという強国に脅かされて、シュメール人はいやでも国家と民族の存亡を意識せざるをえなくなった。そして、そのうちいつか来るであろう滅亡の日に備えて、全員とまではいかずとも、最も善良で神々に好意を持たれていそうな人間だけでも、その世界の沈没から脱出させることはできないものかと、考えあぐねたにちがいない。そこで、そうした者たちを探し出して手近にある葦という材料で大急ぎで箱舟を造ってそれに乗り込ませ、国家の全般的な破滅から免れさせようとしたのではなかろうか。

そうしたなかで選び出されたのが、あのジウスドウラであり、彼の名前の意味は「永遠の生命」であるからには、近く襲ってくるにちがいない大洪水から、民族を存続させたいという願いが込められていたように思われる。

あの箱舟は偶然にできたものではなく、それにはシュメール人の未来が託されていたのである。

それに続くアッカドやバビロニアの箱舟は、翻訳や模倣であるにすぎない。

しかし、古代メソポタミアを襲った嵐と大洪水は、シュメールだけにはとどまらなかった。それはアッカドやバビロニアをも一呑みにしてしまったではないか。

それによって壮大に築きあげられて神々に捧げられた神殿も、天に向かって聳え立ったジグラッドも、——旧約聖書ではそれは「バベルの塔」と貶められている——貴重な図書を大量に収蔵した王室の図書館も、みな粉々に打ち砕かれてしまった。そして、歳月の経過とともに、それらは地下深く埋もれてしまったのである。

それから四千年以上たって、それらのほんの一部が考古学者の手によって掘り出された。二十一世紀の今日、たいして労せずに私たちがそれらを読むことができるのは、奇蹟でなくて何であろうか。

# 第二章　ノアの箱舟の登場

## 神による創造と絶滅

ここで、いよいよ真打のノアの箱舟にお出ましていただこう。

ノアの箱舟といえばほとんど誰もが知っている旧約聖書の目玉商品であるから、まずそこにどんなことが書かれているか見てみることにしよう。

「創世記」の第六章には、「主は人の悪が地にはびこり、すべてその心に思いはかることは、いつも悪い事ばかりであるのを見られた。主は地の上に人を造ったのを悔いて、心を痛め、『私が創造した人を地の表からぬぐい去ろう』と言われた」と、のっけから不穏な空気がたち込めて、首筋を冷たい風が吹き抜けていくようである。

あのメソポタミアのおおらかな神々は、悪だの罪だのと咎め立てなどせずに、人間に自由に振舞わせてくれたではないか。「神が地を見られると、それは乱れていた。すべての人が地の上でその道を乱したからである。そこで神はノアに言われた。『私はすべての人を絶やそうと決心した。彼らは地を暴虐で満たしたから、私は彼らを地とともに滅ぼそう。』」[1]

人間がどんなことしたから悪いのか、どんな暴逆を働いたかなどいっさい説明せずに、神はただ一方的にそう断定して、人間を絶滅しようとするのである。そして、神はすぐさま箱舟を作れとノアに命令して、てきぱきと指示を与える。——箱舟は糸杉で組み立てた上にアスファルトを塗り、現代のメートル法で長さは一四〇メートル、幅は二三メートル、高さは一四メートルの三階建てである。これを排水量で計ると一万五千トン以上になり、中規模のタンカーや貨物船に相当するという。そのために材木はどれだけいるか、大工や左官を何人集めるかなどお構いなしに、作業が進められて、またたく間に見上げるような巨艦ができあがった。

これはまさに神業のようなものであるが、ほんとうに神は人間の手などわずらわさずに、その一部始終をみんな自分の手で造ってしまったのではないか。（宇宙全体を六日間で創った神のことだから、これくらいは朝飯前だっただろう。）

準備万端が整うと、ノアと妻と家族とその妻たちがどやどやと箱舟に乗り込んだが、なぜノアが選び出されたかについて、神はごく手短に「この時代のなかで、おまえが正しい人であることを私が認めたからだ」言っただけである。

ノアがどんなことをしたから「正しい」かは何も書かれておらず、野暮なようだが、神が正しいと判定したから正しいのだろう。

あらゆる種類の雌雄一対の動物たちも箱舟に同乗したが、こちらは清いものと清くないものが入り混じっているように見える。（清いネズミやハエと、清くないそれらをどうやって選り分けるのか?）ともかくも、人間に限って言えば、正しいか正しくないか、救われるか救われないかは、神の胸先三寸で決まるということらしい。

選ばれた全部が箱舟に乗り込むやいなや、待ってましたとばかりに、四十日四十夜も風が吹き荒れ、雨が降り続いて、箱舟は水の表に漂い、「天の下の高い山はみな水に覆われた。」

こうなってしまったら、人間はもとより、獣も家畜も、地を這うものも空を飛ぶ鳥も、ノアの箱舟に押し込められたもの以外は、この地上からきれいさっぱりと一掃されてしまうほかはない。

なお、箱舟には舵《かじ》について何も書かれていないから、全能の神が吹きつける風と濁流に翻弄されて右往左往していたのであろう。（メソポタミアの河川を航行する舟は、櫂《かい》の水中の深さや角度で行方を定めていたという。）

**海面上昇が箱舟を持ち揚げたか**

水は一五〇日間地上にみなぎっていたが、さすがの大雨もやんで水が退き始め、箱舟は「アララテ山に留まった。」

ここであの「アララト山」らしいものが忽然と現われたが、このあたりで箱舟にまつわる地理的な状況をざっと整理しよう。

ノア一族が住んでいて箱舟が製造されたのは、当時の文明の中心地メソポタミアのペルシア湾付近ではないだろうか。そこはチグリスとユーフラテスの二大河が流れ込んでいるが、その源流はいずれもアルメニア高地であって、そこまでは距離にしておよそ一二〇〇キロ、高度差はアルメニア高地が二千メートルで、アララト山はそれから三千メートル以上高いから、合わせて五千メートル以上もあることになる。

常識的に考えれば、豪雨による洪水であろうと雪解け水であろうと、水は高きから低きへ流れると相場が決まっていて、台風による高潮や地震による津波でもないかぎり、水が低きから高きへ逆流することはありえない。一万五千トンの箱舟を千二百キロも引っぱたうえで、五千メートル以上も持ち揚げるには、手力男命《たぢからおのみこと》のような力持ちの神様を、何千か何万柱も集めなければできない相談ではないか。

それにチグリス河もユーフラテス河も、上流へ行けば急流になり、それをさかのぼっていくのは不可能に近い。その不可能を可能にするには地球の表面をすっぽりと水で満たして、その上に巨体を浮かべるほかないが、それには地球上の海面を均して五千メートル以上高くしなければならず、豪雨が四十日も降り続いても焼石に水みたいにすぐ蒸発してしまう。ヒマラヤやアルプスはもとより、南極や北極の氷河が全部融けたとしても、海面は十五メートルも上昇しないという計算になるという。もし惑星が地球に衝突して地殻が割れ、その下に蓄えられた地下水がすべて噴出したとしても、それは海水の一パーセントにもならないそうだ。

科学的な知識のあるなしにかかわらず、これくらいのことは海や山を見渡せばすぐ想像がつきそうなものだが、旧約聖書の筆者はそれすらも怠っている。

## ヤハウエの全能と超能力

ここでメソポタミア時代を振り返ってみると、そこにはかしましいほど多数の神々がいたのに、聖書のなかではみなどこかへ消えてしまって、ヤハウエという神しか見当たらない。もちろん、このヤハウエは全能であるから千万力であろうが、それでもすこし心もとなく思われないだろうか。そんなことをうすうす察知しているにちがいない聖書の筆者は、どんなに誇張しても、常識を踏み外しても、ヤハウエの能力を全能に近づけるために、超能力も超えなければならなかったのである。

そして、ヤハウエの全能ぶりを信者に見せつけるには、箱舟ほどうってつけの材料はない。箱舟の説話は西アジアの人たちには馴染みのものであったし、それは夢や想像をかき立てるからである。

そのうえ、箱舟と大洪水を組み合わせれば、地球からこぼれ落ちるほどいる人間のなかで生き延びることができるのは、ヤハウエのお眼鏡にかなって箱舟に乗り込めた者に限られる。しかも、乗船切符を手に入れられるかどうかは、正しいとか清いとか信仰深いとか色々な基準があるとしても、そんなことはヤハウエが恣意的に決めることであるから、やはりヤハウエの好意にすがりつかざるをえなくなる。

しかも、箱舟に潜り込めるか弾き出されるかは、個人にしても部族や民族にしても、生き延びられるか死に絶えるかの分かれ目になるから、そんな重大極まることを思うままに決めることができるヤハウエの全能性は、いやがうえにも高まっていく。

## 単一神か唯一神か

このあたりで、単一神崇拝と唯一神信仰の違いについて述べておこう。

メソポタミアや古代ギリシアでは、都市国家ごとに守護神がいて、そこに住む市民たちはその神のために神殿や犠牲や儀式を捧げて、その神が自分たちの都市と自分たち自身を、外敵の侵攻から護ってくれるように祈った。もちろん、多神教の社会では職能の分化した様々な神々がいて、健康長寿とか商売繁盛とか、あるいは育児や家事や料理とかの特定の分野を受け持つ神々を、市民たちは祀ったり願いごとをかけたりする。

それでも、市壁が破壊されて強力な敵が侵入してきたら、市民たちは殺されたり奴隷にされたりして、それらの日常的なことは一挙に吹き飛ばされてしまうから、市民たちは都市ごとの守護神をとりわけ盛大に祀り、とりわけ熱心に祈りを捧げるのである。

これは多神教のなかの単一神崇拝と言ってもいいだろう。

しかし、このような都市の守護神にも、たいへんな泣き所がある。というのも、都市国家の戦いはまた守護神の戦いでもあり、都市の敗北は守護神の責任でもあるから、征服された都市の守護神は守護神の資格を失って、お払い箱になってしまうからだ。

　このようにして、神々の世界でも自然淘汰が進み、戦争に勝ち続ける都市国家の守護神には、敗北した都市の神々の権能が集約されていくことになるが、それはあくまでも単一神崇拝としての進化であって、それが唯一神信仰になるためには、一段の飛躍を遂げなければならないのだ。

　人間史上でこの大飛躍をやってのけたのは、まったく意外なことに、戦いに負けてばかりいたユダヤ民族と、その守護神のヤハウエであったのである。そして、この両者に決定的なとどめを刺したのは、新バビロニア王国のネブカドネザル二世であり、ユダヤ人の首都であるとともに、聖都でもあるエルサレムを陥落させて、紀元前五八六年にユダ王国を滅亡させてしまったのである。

　当時の戦争につきものの殺戮や略奪が終わると、生き残ったユダヤ人のうちで利用価値のありそうなエリートを首都のバビロンに捕虜として連行した。これが有名な「バビロニア捕囚」である。

　完膚なきまでに打ちのめされたユダヤ人のうちでも宗教心が強く、感受性にも恵まれたかつて預言者と呼ばれた人たちは、異国の空をその果ての果てまで見渡しながら、国境とも民族ともかかわりない、この世界、いな宇宙のすべてを支配する「唯一神」の存在に思いを馳せたであろう。

しかし、このような唯一神教は、イザヤなどの預言者によって短時間につくりあげられたものではない。それにはモーセ以来の長い前史がある。

フランスの宗教学者のジャン・ボテロによると、「イスラエルの宗教は『歴史宗教』である。すなわち特定の判明している時点において、特別の宗教的精神を持った偉大な人物によって興されたものである」ということらしい。そして、その「特別の宗教的精神を持つ人物」とは、イスラエル人をエジプトから約束の地であるカナンに導き出したモーセだということになる。「イスラエルの宗教がある特定の状況の下で、また『出エジプト記』に語られるいくつかの主要な過程を経て、モーセによって開かれたと考えなければ理解不能である。(2)」

このモーセを教祖として興されたとされる「特別の宗教」というのは「唯一神教」であり、それはある民族が置かれた状況や大きな災害の後で自然に発生したものではない。そして、その唯一神教には、間もなく「絶対的」という形容詞がつくのである。

## 唯一神の全能誇示

ヤハウエのような絶対的な唯一神になると、その立場からすれば、他の神々は存立できなくなってしまう。世界にたった一つの神しか存在しないとなれば、他の神々は神まがいの偽ものか、邪神や悪魔のようなものにならざるをえなくなる。

しかし、他の宗教の神も断乎として唯一神だと主張すれば、二つの唯一神は並び立つことはできないから、どちらが本物か見せかけだけの唯一神であるかをめぐって、激突せざるをえない。そして、対立する唯一神の戦いの勝負を決着させるのは、実力――それぞれの宗教の組織力や宣伝力、それに、唯一神を担ぐ民族や国家やその連合体の軍事力や経済力や外交力といったものであろう。

ここで、絶対的な唯一神教を最初に打ち出した民族の実力を見てみると、ユダヤ人の国家はイスラエルとユダに分裂しているうえに、北のイスラエルはすでにアッシリア帝国に蹂躙されて国家としては消滅し、南のユダはそれより三五年ほど持ちこたえたものの、いまやバビロニア王国に隷属してしまっている。絶対唯一神の威光に比べたら、その実力はまことに心もとない。

ユダヤ民族がその実力を存分に発揮できるのは言葉のうえ、聖書という文書のなかだけである。まず、教祖のモーセの権威を前面に押し出したあと、自分たちが担ぎ出したヤハウエ神の全能性を誇張してさらに磨きをかけることである。そして、この理論武装の実行部隊になるのが、神の権威が自分たちの権威や利益に直結する祭司階級であり、彼らがまとめた文書が「モーセ五書」をはじめとする旧約聖書の中核を形成していくのである。

社会学者のノーマン・コーンは、『ノアの大洪水』のなかでこう書いている。――「創世記をつくりあげた祭司の作者たちは、その神を比類ない権威の地位へ高めようとした。洪水を命じる神はきわめて強烈な印象を与え、疑問も許さず、議論もさせず、理解されることさえなく、孤独のうちに恐ろしいほどの威厳をもって、世界とその内にあるすべてのものの破滅か救済を決するのである。(3)」

旧約聖書の祭司資料がまとめられたのは、紀元前五五〇年から四五〇年の間で、バビロニア捕囚中かその衝撃がまだ生ま生ましく残っているときである。それは古いと言えば古いが、あのシュメールの最初の箱舟と洪水物語が現われてから、もう二千年以上もたっており、そのころにはアッカド版やバビロニア版も含めて、あらかた土に埋まってしまっていたから、祭司たちはバビロニア語で書かれた粘土板の断片や、言い伝えなどを集めて、いいとこどりしたうえ、あたかもその物語を唯一神のヤハウエが直接書いたかのように宣伝したのである。

あの様々な神々が活躍して、滋味豊かな内容を盛り込んだ洪水物語は、唯一神とその祭司たちにすっかり呑み込まれてしまって、ヤハウエ神の全能性を称える文書にすり替えられてしまったのである。そして、あの箱舟もまるで超弩級の巨大船に仕立てあげられて、アルメニアの高地に祭り上げられてしまったのだ。

ここで、あの懐かしいアララト山が洪水物語の最後になって、なぜ雄姿を現わしたか簡単に触れておこう。

先ほども述べたように、ユダヤ人のエリートがバビロンに抑留されて、捕囚生活を送っていたが、ペルシアのキュロス大王によってバビロンから解放された後も、バビロニアに留まった者もかなりいたという。もともと商売には如才ないユダヤ人のことだから、彼らのなかには交易のために、チグリス河やユーフラテス河に沿って往き来して、アルメニア高地から東はペルシア、西はアナトリア半島にまで足を延ばした者もいたであろう。

夏でも雪をかぶったアララト山は遠くからもよく見えたから、その崇高な姿を直接目にしたか、噂でその山のことを聞いた人が、全能の神の偉大さを示めさんものと、編集中だった旧約聖書のなかに箱舟が漂着したのがアララト山だと書き込んだことも、おおいにありうるように思われる。

あのシュメール人が発明した箱舟は、唯一神の全能ぶりを誇示するためのアイテムとして、ユダヤ人に乗っ取られたとは言えないだろうか。

## ヤハウエは絶滅マニアか

ユダヤ教の神ヤハウエは、悪の道に踏み込んだとされる人たちを、洪水ばかりでなく色々な方法で絶滅させようとした。

ヨルダン低地にあるソドムの町は、神の怒りを買って、イスラエルの族長アブラハムの懸命のとりなしにもかかわらず、硫黄の火で燃やされてしまった。ソドムの人たちが、そのような懲罰に値するどんな悪事を働いたかははっきりしないが、「エゼキエル書」にはこんなことが書かれている。――「娘たちは食い物に飽き、安楽に暮らしていたが、彼らは乏しい者と貧しい者を助けなかった。彼らは高ぶり、私の前に憎むべきことを行ったので、私はそれを見た時、彼らを除いた。」

これくらいの「悪事」なら、どこの町に住む人でも手を染めていたであろうが、「私の前に憎むべきこと行った」というのは、ただの尋常な悪ではなく、ソドムの住人は男色に耽っていたのだという解釈もされている。

同じ「エゼキエル書」には、こんなことも書かれている。――「私は剣を鞘から抜き、おまえたち（イスラエル人）のうちから正しい者も悪しき者も断ってしまう。……剣がある、研ぎかつ磨いた剣がある。殺すために研いであり、稲妻のようにきらめくために磨いてある。[4]」

全能の神の怒りは、異邦人ばかりでなく、イスラエル人にも向けられるが、「正しい者も悪しき者も断つために剣を磨いている」となると、殿、ご乱心かとも言いたくなる。

小預言書のひとつ「ナホム書」になると、神の裁きは、メソポタミアの豊かな都市ニネヴェに向けられる。――「血を流す街、その中には偽りと分捕り品が満ち、略奪がやまない。鞭の音がする。車輪の轟く音が聞こえる。駆ける馬があり、走る戦車がある。騎兵は突撃し、剣がきらめき、槍が閃く。」かくして、あの不滅のごときニネヴェは滅びたのである。

これは歴史的な事件を描写しただけかもしれないが、なかなかの迫真力がある。

全能神ヤハウエは、人間の営みを見ていると良きにつけ悪しきにつけ、ついつい怒りがこみあげてきて、磨きあげた剣を振りまわしたくなる。私には「全滅マニア」のように見えて仕方がない。

それに、旧約聖書のノアの箱舟のくだりには、すこし気になることが書かれている。それは「私はもはや二度と人のゆえに地を呪わない。人が心に思い図ることは、幼い時から悪いからである」というのであるが、一見したところ、前段と後段は矛盾しているのではないか。というのも、人間の素性が生まれつきどうしようもなく悪いというのなら、大洪水を何度も繰り返し送り込んで人間が完全に絶滅するまでは、悪は矯正されそうもないからだ。

神による脅迫は、ユダヤ人に力が欠けていたこともあって、これまでは主として言葉のうえだけですんだが、全滅の遺伝子を受け継いだキリスト教徒やイスラム教徒が実力を蓄えてきたら、それはいずれ現実の重みを加えてくるだろう。

キリスト教徒については次章で詳しく見ることにして、ここではイスラム教徒と唯一絶対神とのかかわり合いを取りあげることにしたい。

## アッラーと箱舟

ユダヤ教徒が一神教の第一世代とするなら、キリスト教徒は第二世代、イスラム教徒は第三世代ということになる。

同じように「唯一神」を信じていても、前二者はヤハウエを奉じ、イスラム教徒はアッラーを掲げているが、このヤハウエとアッラーとはヘブライ語とアラビア語の呼び方が異なるだけなのか、それとも、氏素性はもとより存在そのものが別々なのかは、両者とも唯一絶対神を標榜しているからには、そんなに安易に決着のつく問題ではないようだ。いずれの神も永遠であるように、この問題は永遠に続くであろうし、両者の対立と抗争も永遠に続くであろう。

ここではそんなことに深入りせずに、とりあえず「コーラン」を読んでみると、素人の私には意外なことに、「ノアの箱舟」が何回も出てくるのである。

まず「フードの章」では、「かくてノアに啓示が下った。『われらの目の前で、啓示に従って箱舟を造れ。不義を行う者どものためにわしに語りかけるな。彼らは溺れてしまうのだ』と書かれている。

とりあえずおやっと思うのは、唯一神が自分のことを「われら」と複数で呼んだり、「わし」と単数で語っていることであるが、この二つの言葉について訳者は特に注釈をつけていないから、たぶんマホメットに洞窟の中で語りかけたアッラー自身が、単数も複数も区別せずに使ったのであろう。

それはともかく、本命の箱舟物語に戻ると、「ついにわれらの断が下され、大地の表面から水が湧き出た時、われらは言った。『すべての生き物を一つがいずつその中に積み込め。……うんぬん』と旧約聖書をなぞっているが、違いがあるとすれば、大地の表面から水が湧き出たことと、箱舟がとまったのが「グデイ山」とされているぐらいのものである。(6)

しかし「夜の旅の章」に書かれているのは、もっと重大なことである。――「われらはノアののちどれだけの世代を滅ぼしたことか。」

すこし前で私が予感したように、神といえども人間の本性を根本的に変えるのは、生易しいことではなく、一度洪水を繰り出したら、その趣旨を貫徹するためには洪水を何度も繰り返さざるをえなくなる。全能の神にとっては、人間の本性を改造するよりも、人間を全滅させる方がずっとやさしいのである。

それかあらぬか、コーランでは「われらがなんじ（マホメット）やノアやアブラハム、モーセ、マリアの子イエスたちの預言者と契約した」とノアを教祖並みに持ち上げる一方で、マホメットはノアの子孫たちにはあまり好意を持っていないようで、「使徒たちを嘘つきだと言った者がいた。すなわちノアの子孫……」とか、「われらはかつてのノアやアブラハムを遣わし、彼らの子孫に予言力と経典を授けた。彼らの一部は正しく導かれたが、大部分の者は反逆者となった」とか言っている。(7)

コーランを読んでいて気づくのは、マホメットがあけすけなほど素直にものを言っていることである。特に不義者や不信の輩や多神教徒などの「敵」を前にすると、彼の怒りはすさまじいまでに爆発する。

「神の道のために、おまえたちは敵する者と戦え。……出会ったところで彼らを殺せ。迫害は殺害より悪い」とか、「わしは不信の徒の心に恐怖を投げ込んでやる。お前たちは彼らの首を打て。また彼らの指先まで一本一本打ちのめしてやれ」とか、「神聖月が過ぎたら、多神教徒どもを見つけ次第殺せ」とかと、まるで枚挙にいとまがないほどで、怒りが燃え上がると、

アッラーとマホメットの区別がつかなくなる。(8)

それでいてマホメット自身はすごく冷静で、リアルにものを見ることもできる。たとえば、「神の目から見れば、イエスはアダムの場合と同様である。神は彼を土から造った」とか、「イエスは神の僕の一人にすぎない。われらは彼に恵みを垂れ、イスラエルの子らへの手本とした」とかと言って、(9)イエスが優れた人間であることは認めても、「神の子」としての神聖さは否定している。

## 世界の洪水神話

マホメットは、一神教の一方の旗頭として、ノアの箱舟や洪水について能弁に書いたが、いわゆる多神教の世界にも、大洪水やその災害を逃れた人々をテーマにした神話や伝説は、多くの地域にわたって数えきれないほど残されている。

『金枝篇』で名高いイギリスの人類学者のジェームス・フレーザーが各地に流布しているそのような話を収集しているので、これからは彼の『洪水伝説』をもとに話を進めていくことにしよう。

まず最初に言っておかなければならないのは、多神教徒はおしなべて野蛮で、文明の程度も低くて、貧乏人が多いということはない、ということである。たとえ彼らが物質的に貧しいことがあったとしても、精神的にはきわめて豊かなのである。

私の見るところ、一神教こそが例外的で、それを信じる者は心の幅が狭くて、神にかこつけてはすぐ暴力をふるいたがる。――つまり、より野蛮なのである。

それに様々な神々がいて、それを祀ったり信じたり祈ったりするのも様々であるが、そのものずばりの「多神教」などという宗教はどこにもない。それは自分たちの優越を信じ込んだ一神教徒の、思い上がった偏見に過ぎないのだ。

「多神教徒」のなかでも、現代人を驚かすような文明を築き上げたギリシア人には、デウカリオンの洪水伝説なるものがある。紀元前後にアポロドロスがまとめたギリシア神話によると、人間に火をもたらしたプロメテウスの一子にデウカリオンがいて、「ゼウスが青銅時代の人間を滅ぼそうとしたときに、プロメテウスの言葉によってデウカリオンは一つの箱舟を建造し、必要品を積み込んで、ピュラーとともに乗り込んだ。」このピュラーというのは悪と災いが封じ込められた箱を開いて、それを世界にばらまいたパンドラの娘である。「ゼウスが大雨を降らせてヘラスの大部分を洪水で覆ったので、近くの高山に登った少数の者を除いて、すべての人間は滅びてしまった。」[10]

御覧のように、神と伝説上の人物の名前と地名のほかには、まるでメソポタミアの伝説の引き写しである。文字の読める文明人は、先人が語りだした物語をいとも簡単に借用してしまうのである。

それでは、より多神教徒らしい人たち――つまり、原始的で貧しい多神教徒ということになるが――はどのような洪水物語を生み出したのであろうか。

まず南カムチャッカの原住民で、今は消滅したとされるカムチャデール族には、「世界の初期の時代に、陸地の全部を覆いつくした大洪水の伝説がある。その民族のうちのある者は、木の幹を束ねて作った大きな筏に乗って生命を救われた」のだという。

これによく似た話は広く分布していて、丸木舟や木の臼やお椀や、ざぼんの実の浮袋に乗って、洪水から脱出したという民族もいる。また、ココナツヤシの天辺によじ登ったり、大木のうろのなかに逃げ込んで難を免れたという男の言い伝えもある。

「世界を洪水が覆ったという物語が、太平洋の沿岸や島々に広範囲に生じていることは意義深い。なぜなら、太平洋には大地震による高波が始終発生し、この高波は海の隆起によって起こされたという物語が語られている沿岸や島々を、しばしば襲ったからである」とフレーザーは書いている(11)。

海抜すれすれの島が散らばっているタヒチでは、海面からの高さがわずか二フィートという珊瑚礁に高潮が押し寄せてくると、みんなが揃って避難するという。

こうした低地に住む人たちには、暴風雨もさることながら、地球の温暖化による海水面の上昇の方が、より大きな脅威であろう。

東南アジアや太平洋を離れて、南アメリカへ観察の目を向けると、エクアドルのムラト族が語り継ぐところでは、インディオが小鰐を殺したところ、母鰐ばかりか、そのあたりの鰐という鰐が怒り狂って、尾で激しく水をたたきつけたために水が溢れて、湾の周囲一帯が氾濫したという。

これらの物語はいずれも地方色が豊かで、そこで活躍する人間や動物はもとより、洪水や高潮から脱出するために利用されるのも、日常生活に密着したものばかりである。

しかも、悪いやつを懲罰して水の中に引っ張り込んでやろうと、おっかない顔で睨みつけている神の影もないのである。

それでも、これらの地域には、キリスト教の宣教師たちが数多く入り込んで、ノアの箱舟を語りながら説教して改宗させようとしているから、一神教の影響がじわじわと浸透しているようである。事実、宣教師がハワイの住民にノアの大洪水について何度も話したところ、彼らは自分たちの間で言い伝えられてきた似たような伝説を見つけて、ここにもノアのような人物がいたと宣教師に語ったという。

## 海中に陥没した高麗島

ところで、フレーザーによると、「洪水伝説は南アジアにはゆきわたっているが、東アジア、中央アジア、北アジアでは著しく欠如している。特に注目すべきは、東アジアの偉大な文明国であるシナ人の場合も日本人の場合も、人類の全部またはその大部分が滅亡したという、大洪水のいかなる土着の伝説も、私の知るかぎり、彼らの膨大な古代文献の中に保持されていない。」[12]

戦国時代の末期にポルトガル人が日本にきて、キリスト教を持ち込んだものの、キリスト教徒による島原・天草の乱以後は江戸幕府がキリスト教を厳禁し続け、明治維新になってそうしたしばりが解かれてからも、キリスト教は敬遠されこそすれ歓迎されることはなかった。それだから、ノアの箱舟もキリスト教の陰に隠れて日本に潜入することはできなかったのである。それ日本にはヨーロッパ製の洪水伝説の痕跡はまったくないが、さりとて、自前の洪水伝説がないわけではない。

日本民俗学の大成者、柳田国男が昭和八年に書いた『島の人生』のなかに、「高麗瀬伝説」という一章がある。この島は五島列島の三井楽の浜から北に十里あまりの沖合にあって、世にもまれなる富裕の島であったということだ。

「島の人たちはこの荒海のなかにおいて、優れたる陶器を製して生計を立てていた。それが世上に伝わって、高麗焼きと称せらるると思っていた人が付近の島には多かった。」そうしているうちにどうしたわけか、その島は海の中に勃然として陥没してしまったのである。

「島の沈んだ跡の高麗瀬に往ってみると、今でも数限りない昔の陶器の破片がぐわらぐわらと底波に揺れる音が、手に取るように聞こえると謂うのみか、稀には漁夫の延縄《はえなわ》にかかって、引上げたという話さえ残っている。」

この島がどうして海底に消えてしまったかをめぐって、侃々諤々の議論が湧き上がったであろうが、なかには、こんなもっともらしいというよりも、いかがわしい説を立てる者も出てきた。

「この島が沈没したという話には、ノアの箱舟と同様に、立派な見知り人をこの世に留めている。昔、高麗島には霊験の至ってあらたかな、一体の地蔵菩薩がおわしました。信心深い人々の夢枕に立って、わが顔が赤くなったらば大難の前兆と心得て、早速に遁れて命を全うせよという御告げがあった。邪見の輩のみは却ってこれを嘲笑い、戯れに絵具を以て地蔵の御顔を塗って、驚き慌てて遁げていく者の愚かさを見て、笑いの種にしようとしたのであったが、前兆はなおまさしく、島は一朝に海の底に沈んで、残った者の限りは悉く死んでしまったというのである(13)。」

この人を食ったような話のタネ本は中国の『捜神記』であろうとも言われているが、柳田はもう一つの似たような話を加えている。

「本朝改革因縁集にある話では、唐土の万重島という島に、金剛力士の石の像があって、その顔の色が赤く変ずるときは島が滅ぶ時だと言い伝えられていた。或る男がこれを知りつつ自ら朱を以て力士の面を塗ったところが、たちまち山嶽鳴動して島は海に沈み、住民は悉く溺れて死んでしまった。……その石像が薩摩の御崎に漂着して、永く崇信せられていたという(14)。」

柳田は、ノアの箱舟の話をとくと承知のうえで、これらの話を自著に採録したのであろう。

それにしても、ヨーロッパの一神教の深刻きわまる絶滅神話を、冗談半分の滑稽譚に変えてしまった東洋人のしたたかさには、さすがの全能の神も舌を巻いたのではないか。

# 第三章　キリスト教会としての箱舟

## ノアの箱舟はキリストの予型

イスラム教もさることながら、ノアの箱舟神話にいちばん素早く反応したのはキリスト教であった。

ユダヤ教の神ヤハウエとイエス・キリストは父と子の関係にあるばかりでなく、分離できないほど一体だとされているから、あの箱舟の遺産の最も正統な相続者として、キリスト教が名乗りをあげるのは当然であろう。

新約聖書の冒頭にあるマタイ伝には、こんなことが書かれている。――「人の子が現われるのも、ちょうどのあの時のようであろう。洪水が襲ってきていっさいのものをさらっていくまで、彼らは気がつかなかった。その時、二人の者が畑にいて、一人は取り去られ、一人は取り残されるであろう。二人の女が臼をひいていて、一人は取り去られ、一人は取り残されるであろう。(1)」

ここで、「人の子」というのはイエス自身のことであるが、「神の子」と言ったらあまりストレートすぎるから、婉曲にそう書かれたのであろう。それにすぐ続いて、すべての人間が神によって祝福されるのではなく、救われる者と滅ぼされる者が厳格に区別されていることが示されている。つまり、旧約も新約も同じ神の支配下にあるから、「全救」の裏には「全滅」がきちんと用意されているのである。

こうした聖書の記述に、できたばかりの教会の首脳が飛びつかないはずがない。

「一部では、ノアはキリストの『予型』だとみられるようになった。彼が生き残り、箱舟から現われたことは、キリストの復活と墓からの出現――すべてのキリスト教徒の希望である永遠の生命への復活――の予示であると解釈されている。」

全能の神のことだから、自分の子供のことを「予型」したり「予示」することなどなんの苦もないだろう。

「神が人類の残りを救った箱舟は、神がキリスト教徒を救う教会を象徴した。箱舟が一つしかなかったことは、教会は一つしかないことの証明である。[2]」

しかし、ここまで言い切るのは、いささかオーバーランである。これまで見てきたように、ノアの前に箱舟はいくつもあったからだ。十六世紀までは西ヨーロッパにおけるキリスト教の教会組織はカトリック一つだけであったのは事実であるとしても、ここには何が何でも箱舟とイエスとカトリック教会を結びつけようとする護教論者の魂胆が見え透いている。

こんなに突っ走ってはなかなかブレーキが利かなくなって、「ノアは差し迫った裁きを警告する洗礼者ヨハネ」だとか、はては「箱舟の木は十字架を予示している」とかの神妙とも珍妙とも言えそうな「大発見」が続出してくる。

何はともあれ、ヨーロッパ中世最大の権力者になったカトリック教会は、それに箔をつけてくれるものなら何でもとことん利用しようとしたのである。そして、箱舟には古代からの歴史の重みが積み込まれているし、そのわりには誰にもたやすくイメージできるから、どんなことにも手軽に用立ててできたのであろう。

## ノアという人物

イスラエルの族長のアブラハムに並べられたり、バプテスマのヨハネに比べられるなど、ノアもたいした持てようだが、旧約聖書で見る限り、そんなに大人物ではない。なるほど、「ノアはその時代の人々のなかでは正しく、かつ全き人であった。ノアは神と共に歩んだ」と書かれているから、神から目星をつけられていたであろうが、彼の事績としては五百歳になって、セム、ハム、ヤペテの三人の息子を得たことぐらいしか挙げられていない。それに、彼は性格的にかなり狭量な人ではないかと私には思える。

箱舟を出たあと、ノアは農夫となって葡萄を栽培していたが、ある日、彼は葡萄酒を飲んで酔っ払い、天幕のなかで裸になっていた。カナンの父のハムは父の裸を見て外にいた二人の兄弟セムとヤペテに教えたので、彼らは着物を取って父の肩にかけたあと後ろ向きに歩いて顔をそむけ、父の裸を見なかった。

酔いがさめてハムが裸を見たことを知ったノアは、怒りを爆発させて叫んだ。――「カナンは呪われよ、彼は僕の僕となって、その兄弟たちに仕える。(3)」

実はノアが呪ったカナンはハムの子供であって、あの裸露見事件とは直接にかかわっていないが、エジプトから脱出したユダヤ人は神が約束していたカナンの地を攻めて征服しようと思っていたから、ついノアの口からカナンの名が飛び出したのかもしれない。

それにしても、責めを負うべきは酔っぱらった挙句に裸で眠ってしまったノアにあるはずなのに、その落度を子供になすりつけるというのは、ヤハウエにも似た父親権の濫用ではないのか。

そもそも、カトリック教会が重きを置いたのは、奇蹟的な救済を象徴する箱舟そのものであって、ノアはそのつけたりにすぎないのだ。

バビロニアで神の言葉を聴いて箱舟に乗り込んだのは、義人中の義人のウトナピシュテムと最高の賢者であるアトラ・ハシースであったのに比べると、ノアはただの偏屈で意固地な父親であるにすぎない。

ローマ・カトリックにとっては、箱舟を人々を罪から救い上げる「予型」に仕立てあげればいいのであって、ノアという人物は余計なものとして使い捨てにしてもよかったのではあるまいか。

## ヨーロッパを支配するキリスト教

紀元後も三世紀ともなれば、イエス・キリストを殉教者に押し立てたカトリック教会が隆盛に向かう一方であったのに、それに反比例するかのように、ローマ帝国はいやでも衰退が目立つようになってきた。ローマの主要産業といえば戦争であり、相手を打ちのめして領土を拡張したうえに、略奪した品々が兵士たちから一般の市民へ流れていって、帝国の経済全体を潤していた。ところが、その担い手である兵士たちが贅沢で飽食して戦闘力が萎えたうえに、兵士に応募する者も減っていくばかり。その一方でこれまで蛮族などと軽蔑していた連中も知恵も実力もつけてきたので、常勝ローマ軍も苦境に立たされることが多くなってきたのだ。

こうした趨勢のなかで、いちばん頼りになったのはキリスト教徒であった。彼らにとっては死は天国へ至る近道であるから、めっぽう勇敢であるうえに、いつも説教で絶対神のヤハウエに鍛えあげられていたから、精神的にもタフで溌剌としていた。

戦場で赫々たる結果をあげて、将校や幹部に取り立てられる者も続出してくる。こうして、軍隊ばかりか、それによって支えられてきたローマの経済も、キリスト教徒なしでは成り立たなくなってしまったのである。

帝国の凋落にいちばん頭を悩ましていた皇帝のなかでも、明敏で狡知にたけたコンスタンティヌスは、キリスト教徒の弾圧はきっぱりと諦め、三一三年にミラノの勅令を発して、キリスト教を公認したばかりか、税金や土地の寄進でも優遇した。こうして破壊されたギリシアやローマの異教の神殿の跡地に、真新しいキリスト教会が次々に建てられていったのである。

ローマ帝国のキリスト教政策は、その後多少の揺らぎはあったものの、キリスト教擁護で進められていって、ついに三九二年にはテオドシウス帝が国教にしてしまった。ここに、キリスト教徒にあらずんば人にあらずという、彼らには夢にも思わなかったような状況が出現したのだ。

ルカ伝に書かれている「私が王になることを好まなかったあの敵どもを、ここに引っ張ってきて、私の前で打ち殺せ(4)」という耳を疑うようなイエスの言葉が、まぎれもない現実になってしまったのである。

ローマ帝国による保護や優遇策で、カトリック教会や司教などの有力者に流れ込む財産は膨れあがるばかりであった。ヘレン・エラーブの『キリスト教封印の世界史』にはこんなことが書かれている。――「代々受け継がれた教会の所有地は、西ヨーロッパの四分の一から三分の一を占め、無税で軍役を課せられることもなかった。こうした土地のほかに、司教が封建領地をもっていることも多く、軍役を課せられたときには、伯爵や男爵にその義務を押しつけた(5)。」

ローマ教皇にぶら下がった司教や修道院長などは、戦場で危険にさらされずして、事実上のヨーロッパ最大の封建諸侯になったのである。彼らのなかには独自の軍隊を抱え込む者もいるにはいたが。

ローマ帝国のキリスト教化と、カトリック教会のローマ帝国化は持ちつ持たれつであったが、どちらかといえば、教会側がより大きな賞与をせしめたであろう。

## 異端者に肉薄する恐怖

ローマ教皇庁がけばけばしく着飾った美女たちがひしめく伏魔殿になったと言われるほど、権力と財産に飽かしたカトリック教会の腐敗が目立ってくると、いち早く中央集権化をとげたフランスなどの国家からの反発が強まってくる。それでも、教会が最も警戒したのは異端者や異教徒などの、宗教の内部に潜む敵であった。彼らの説教や批判は、従順そうに見える信者たちの心の中にくすぶっている不満や猜疑に火をつけて、教会の権威と権力機構を倒壊させかねなかったからである。異端者や魔女狩りについては前著で詳しく書いたので、ここでは宗教裁判による拷問の恐怖の手口を述べるにとどめよう。

イエスの母親にして処女のマリアは、幼子を抱いてやさしく微笑む姿がどこでも見られるが、そのマリア像が拷問の道具として使用されたなどとはにわかに信じがたい。――「異端審問官は聖母マリア像の前面に、尖ったナイフと釘をびっしりと植えつけた。レバーを動かすと、マリア像の腕が犠牲者を抱きしめて、ナイフと釘を押しつけるという仕組みであった」のだという(6)。

このような身の毛のよだつ苦痛を与える刑具には、「栄光は神だけのもの」という銘文が彫り込まれたものもあった。

宗教裁判の異端審問官のサディズムに触れるには、エドガー・アラン・ポーの短編、『穽《ピット》と振子』を読むにしくはない。それは詩人の想像力で書かれたフィクションであるから、それだけ生々しい恐怖が伝わってくる。

時は十九世紀、舞台は宗教裁判の本場中の本場、スペインのトレド。異端の容疑者の「私」は、穴倉のような牢獄の石の床の上に横たわって、永遠の闇の中で失神したり意識が戻ったりを繰り返していた。

「裁判官たちや黒い掛布や宣告や、疲弊や失神の十分な思い出――全き忘却」ここには「人間の苦痛に対する厳かな侮蔑」がみなぎっていた。「悪逆非道な宗教裁判所の犠牲者は、最も恐ろしい肉体の苦痛を伴う死か、最もすさまじい精神の恐怖を伴う死か、どちらかを与えられるが、私の場合は後者であった。」

想像を絶する恐怖が、彼の身に刻々と迫ってくる。――闇の中にかすかな光が射し込むと、機械仕掛けの振子がやけにゆっくりと動いているのに気がついた。「その下端はきらきらする三日月形の鋼鉄でできていて、一フィートほどの幅があり、下の刃は剃刀のように鋭い。」精神的な拷問で異端者を苦しめることが、この牢獄の奇怪さの重要な部分であることを、この私はいやでも悟らずにはいられなかったのだ。

「一インチずつ、やっと分かるように、それは降りてきた。下へ下へと。しゅっしゅっとすごい音を立てて、それが私を煽るように身近に迫るまでには幾日もかかった。」

　まったくの無感覚になってからまた正気に戻ると、振子はそれほど下がってはいなかった。「あの悪魔たちが私の気を失ったのを認めて、振子の振動を勝手に止めたのかもしれない。」柄にもなく希望が湧いてきたのには、この私も苦々しく思わざるをえなかった。――「下へ、またそれは着々と降りてきた。下へ、容赦もなく下へ！　それは私の胸から三インチと隔たらないところで動いていた。」いつの間にか、私の腕を縛っていた革紐が切れて、肘から手先までが自由になっていた。

「なおもたゆまず、さりげなく下へ！　それが動くごとに私はあえぎ、悶えた。あと一〇回か二〇回振動したら、鋼鉄の刃は私の上着に触れ、それから私の心臓に！……私の身体を縛っていた革紐は全部切れて、私はついに自由になったのだ！」

　ほっとしたのもつかの間、まわりの壁に描かれた悪魔の絵が激しい光を帯び、刻々とその輝きを増してきた。それと同時に灼熱した鉄の湿気が私の鼻を襲った。「最も残忍な、最も悪魔的な人間たち！」その赤く熱せられた壁を私は永遠の憩いの着物として身にまとうのだ。それはじりじりと迫ってきて、牢獄の床にはもう一インチのスペースさえ残されてはいない……

　そのとき、大勢の人声とラッパの高い響きが聞こえてきた。「炎の壁はさっと退いた。私が深淵へ落ちかかったとき、誰かの腕が私の腕をしっかりとつかんだ。それはナポレオン軍の将軍の腕だった。(7)」

フランスの軍隊がトレドに侵入して、宗教裁判所はその敵の手に落ちたのだ。巨匠のとらわれない筆は、正義を振りかざす宗教裁判所のおぞましさを、ゾッとするほど正確に描き出している。

## ミトラ教の栄光と没落

異端者と同じほどカトリック教会をおびやかしたのは、キリスト教以外の異教、それもペルシアからもたらされたゾロアスター教やミトラ教やマニ教であった。

キリスト教の神は正義が強すぎて、悪というものが忍び込める隙間がない。それでも、悪というものは人間にも自然にもどう否定しようもなく存在するから、キリスト教は悪そのものを無視するか、もっと積極的に絶滅しようとする。にもかかわらず、悪の影がちらついたりしたら、それは神とはまったく関係のない悪魔の仕業だと断ぜざるをえない。

これに対して、ペルシア伝来の宗教はどれも悪の存在を認めるものの、人間としてできる限りそれを抑制しようとするか、それが可能でなければ何とか悪と共存しようとする。こうしたことから、それらの宗教は善と悪とを同時に認める二元論になる。

善だけでこり固まっているキリスト教は、このような二元論を容認すれば神が独占している正義が崩壊してしまうから、どんな力を使ってでもそれを排除せざるをえない。キリスト教の一宗派であるカタリ派は、二元論を奉じる異端であるとして弾圧され、何十万という犠牲者を出した。

ペルシア人のマニが創設したマニ教は、三世紀の中ごろにはヨーロッパでも爆発的に信者が増えて、地域によってはキリスト教を圧倒するほどの勢いを見せたが、カトリック教会あげての猛反撃を受けて、教団組織ばかりかマニが遺したおびただしい数の教義書も没収され、焼却されたりごみとして処分されたりして、ヨーロッパではほとんどというより、まったく姿を消してしまった。

ゾロアスター教に繋がるミトラ教は、雄牛を生贄として血を流す勇壮な儀式が、いつも蛮族と戦って危険に身をさらしている兵士たちを鼓舞したことから、ローマ帝国では大歓迎された。もともと契約の神であったミトラは、そのたくましさから火の神となり、「あらゆる火のなかで最大のものである太陽を伴って、毎日天空を横切り、その道程で契約を守る者と破る者を見極めていると信じられていた。(8)」

火の神ミトラは兵士たちに先導されて、文字通り燎原の火のごとくローマの隅々まで拡がっていって、雄牛を犠牲にする神殿が至る所で建てられたという。

「ミトラの碑文は、例外なしに奴隷や奴隷出身者、兵士や兵士出身者の手になるものである。」まずは苦難の生活に耐えた者たちに受け入れられたのだ。「ローマ世界に移植されたミトラ教は、富と勢力を増大させ、間もなくローマでは影響力のある公務員を、地方自治体では皇帝崇拝委員会や市政参事会の会員を同信の人々の間に数えることになった。(9)」自ら入信して典礼の血腥い儀式に参加した皇帝もいたという。

このミトラ神は、天上界で支配している近づき難い神と、厳しい試練や戦いに明け暮れしている人間の間の「仲介者」ともされていたから、どこかイエス・キリストと似ているようなところもあるのではないか。

このように一時はかなり盛り上がったとみられるミトラ信仰も、ローマ帝国そのものの勢力が弱まるにつれて下火になっていった。それにひきかえ、力を増すばかりのキリスト教会は、信者のあまり立ち寄らなくなった神殿を襲って、それをめったやたらと破壊しては、ミトラ教の痕跡すら残らないようにしてしまったのである。

今日のヨーロッパでは、ミトラ教という宗教があったことすら忘れられてしまっている。コーカサス地方のアルメニアを旅したとき、私は首都のエレヴァンから三〇キロほど離れたところにある「ガルニ神殿」を訪れたことがある。それはかつての要塞の跡に紀元後一世紀に建てられたグレコ・ローマン・スタイルの神殿で、イオニア式の柱頭をつけた二四本の円柱が、三角破風の屋根を支えていた。私が見ることのできたのは、十七世紀の地震で倒壊したのを石材を継ぎ足して、一九五〇年代に復元したものだという。

それがミトラ教の神殿だと聞かされて、そのようなものが残っているとは思ってもいなかったので、そのやや小ぶりながら堂々と立った姿をじっくりと見直すとともに、その中でどのような儀式が行われていたかを想像した。

ミトラを祀ったガルニ神殿（アルメニア）

それでも、ミトラ教の伝統がまったく途絶えてしまったのではないようだ。二〇〇〇年二月には、このガルニ村の「太陽神殿」に二百人以上の信者たちが集まり、火の神の生誕を祝して雄鶏を生贄に捧げたという。

ヨーロッパでも辺境にあるこの地域には、やはり残るべきものが残っているのである。

## ミトラ教の贈り物

この地上からミトラ教の痕跡を徹底的に破壊してしまったキリスト教も、その教義の重要な部分をこっそりと取り入れている。

火の神にして太陽の神でもあるミトラ神にとって、冬至は最も神聖な日であった。その日には、真新しい火が燃え始め、太陽の光がまた明るさを増すのである。つまり、冬至を期して宇宙が再生されるのだ。

キリスト教会は、喜ばしいこの冬至の日を、救世主イエスの誕生日にしたのである。それは今日なおクリスマスとして世界中で祝われ、わが日本でも町中に景気のいいジングルベルの音楽が流れて、家庭でもキリスト教を信じると否とにかかわらず、豪華なケーキや鶏の腿肉を食べたり、シャンパンを飲んだりしている。

ミトラ教のことなどほとんど知らない私たちも、一年に一度だけはその恩恵を受けているのである。

また、ミトラ教の最高位の祭司は〈Pater Patrum〉と言ったが、ローマ教皇が Papa と呼ばれるのは、そこからきたのだともいわれている。

宝石をちりばめた三重冠をかむって、ヨーロッパの覇権をローマ皇帝と争った教皇も、ミトラ教に首根っこを押さえられていたのかもしれない。

## 無神論者と迷信家——プルタルコスによる判定

ところで、博識なギリシア人プルタルコスは、デルフォイのアポロン神殿で神官をしながら著作に没頭したが、その膨大な『モラリア』のなかの小論文「迷信について」には、なかなか含蓄のあることが書かれている。

プルタルコスはまず無神論と迷信を区別してこう述べる。——「無神論者は神的存在に関して何ら動かされることなく、他方、迷信家はふさわしくない場合でも突き動かされて邪道に導かれる。無神論は誤った道理であり、迷信は誤った道理から生じる情念である。」

神的存在に対して、無神論者は無感覚であり冷淡であるのに、迷信家は情念によって過剰に反応するのである。

このあとプルタルコスは迷信家を突き動かす情念についてこうたたみかける。——「魂の持つあらゆる病や情念は恥ずべきことであるが、それらのなかに軽率さによって傲慢や高慢さや興奮を内に持っているものがある。」このような情念に共通して向けられる非難は、「活発な衝動によって、力ずくで情念が理性の働きを抑圧して、捻じ曲げてしまうというものである。」とかく宗教家は情念を持て余している人が多く、それだけ迷信の深みにはまりやすいのではないか。

「迷信家は誰にも耳をかさず、自分で自分に向かってこう言う。『おお、不幸な者よ。神の摂理と神の命令によって、おまえはこれを受けねばならぬ。』そして、あらゆる希望を投げ棄てたあとで、自分自身を諦め、逃げ、自分を助けようとする人々を追い払ってしまうのである。[10]」

迷信家は、我慢できる程度のものも我慢できず、それを致命的なものにしてしまいやすい。そして、自分自身を責め苛むことが一種の喜びとなり、それに耽ることに救いを見出しているのではないか。恐ろしいのは、迷信の闇が知らぬ間に人間の心の内に入り込んで、理性の働きを混乱させてしまうことである。

「無神論者には、恵みをもたらすものへの無関心と不信が勝り、迷信家には、恵みをもたらすものへの混乱と恐怖がまさる。」

現実の面においても、神的な存在に心を動かされない無神論者は、暴動などの社会的な事件にも冷静に対応できるが、感情の振幅の大きな迷信家は、過激な行動に突っ走っては自己陶酔して、自分たちだけが正しいのだという独断に陥りやすい。

ここまで無神論者と迷信家を対比しながら述べてきたプルタルコスは、最後になって彼なりの結論を下す。――「私には、無神論が不敬であると主張しながら、迷信が不敬であると主張しない人々は驚きなのである。……神々の存在を認めていない者は不敬虔であろうか。それなら、迷信家が信じているような神々を信じる者は、それよりはるかに不敬虔に与しているのではないか。(11)」

どたん場になって、敬虔か不敬虔かという判定基準を持ち出したプルタルコスは、ためらうことなく「無神論者」の右腕を上げたのである。

## キリスト教徒と迷信

プルタルコスの小論「迷信について」を読んできて、私はなんとなく、とは言ってもかなりはっきりとなんとなく、彼が「迷信家」と言っているのは、キリスト教徒のような気がしてならない。

とはいっても、プルタルコスがこの文章を書いたのは、紀元後七〇年から八〇年までの間だとされている。その時代にはまだキリスト教徒は「発生」したばかりで、そのころ兄貴分のユダヤ教徒は天下のローマ帝国に歯向かってエルサレムで派手な立回りを演じていたものの、キリスト教徒はその陰に隠れて潜伏しながら活動していて、あまり人目に立ったりはしなかったという。プルタルコスはデルフォイに近い故郷のカイロネイアで著作にふけりながら、ローマにも度々滞在していたから、キリスト教徒のことは風の噂で聞いていたかもしれない。

それなのに、彼は迷信家について、傲慢で情念が理性を捻じ曲げているとか、神の摂理に導かれてあらゆる希望を投げ棄ててしまうとかと書いているが、これはキリスト教徒にぴったり当てはまるのではないか。まさか、アポロンの神託によって教えられたのではあるまいが、彼の書いていることは驚くほどツボにはまっているのである。

そうはいっても、キリスト教徒には敬虔な人が多く、日曜には教会へ出かけて礼拝するのはもちろん、慈善行為にも積極的に参加するし、災害で苦しんでいる人や不幸に打ちのめされている人たちに対する同情も篤い。キリスト教徒が敬虔であるのは確かな事実であろうが、それが目立ちすぎたりすると、時として鼻につくこともある。

もっとも、無神論者にも独りよがりで、押しつけがましい人もいるが、どちらかといえば、あれこれと目くじらを立てない無神論者の方がつき合いやすく、たとえ不敬虔であっても、すがすがしく感じられる人も結構いるようだ。

正直に告白すれば、この私もできることなら神を信じたいと思うこともあるが、これまでのところ、どうしても超越的な神の存在を信じることができない。そんな無神論者の私を、プルタルコスが不敬虔呼ばわりしなかったことに、ほっとしている。

ついでにもう一つ言わせてもらえば、私にはどうしたわけか、キリスト教徒が「迷信家」に見えてしまうのである。

## 選ばれた者による世界制覇

あのノアの箱舟と大洪水の神話から引き出される最も正々堂々たる結論は、人間には救済される者と滅ぼされる者があって、その両者を選別するのは全能の神であるということであろう。——私にはそれが「迷信」の最たるもののように見えるが——そして、こうした考えを敷衍していけば、救済に予定された者の救済をさらに確実にするイエス・キリストは、人間ではなくて全能の神の分身であり、そのイエスを救世主であると信じるキリスト教徒は、その分身の分身であることになるのであろう。

こうした「神に選ばれた者」だという満々たる自信が、新大陸の発見でも、アジアやアフリカの「遅れた」人間たちの征服や教化でも、また、科学や技術の冒険的な探索でも、ヨーロッパのキリスト教徒たちに天にもとどきそうな勇気と希望をもたらし、それが奇蹟的な力を彼らに与えて、神すらも及びもつかないことを次々とこの世のものにしていった。それがまた彼ら自身をも「全能の分身」に仕立てていったのである。

近代になって国家を筆頭に掲げるナショナリズムが頭をもたげてくると、神はヨーロッパ人であるばかりか、イングランド人であり、フランス人であり、ネーデルランド人であり、さらに、神の分身もそれらの国家の国民だということになった。

超国家的な存在であるはずのローマ教皇すら、国籍を意識するようになった。フランス出身の教皇クレメンス五世は、「フランスの王座はダビデの王座であり、フランスの王はモーセである」と言ったという。

そういえば、フランスが最も輝いていたころの王様で、「太陽王」とも称えられたルイ一四世は、「朕は国家なり」とは言ったものの、口から出かかった「朕はカトリック教会なり」は押しとどめたようである。その王はまた、「わがあとは野となれ山となれ」という名言を吐いたと伝えられるが、そのフランス語は“Après moi le déluge”で、déluge というのは、『ノアの大洪水』を意味している。この自分が逝って太陽が沈んだあとは、ヨーロッパ中が大洪水に襲われて、まわりの敵国がすべて水没することを秘かに願っていたのかもしれない。

そのころのヨーロッパには、自分たちこそは神から特別に選ばれた「新種のヘブライ人」だと自負する人たちが、うようよしていたであろう。

「選ばれた集団は、世界的な救済の道徳経済で、他の民には果たせない役割を果たす。そうすることによって、彼らは神の選ばれた民になるばかりか、神の意志に従って神の計画と自我の同一を果たすため、神に救われる特権を与えられるのである」と、アントニー・スミスは『選ばれた民』に書いている。(12)

神から見放された地域に住む人たちを征服して、文明化することこそ、神から自分たちに課せられた使命である信じ切っていたからこそ、イギリス人を先頭とするヨーロッパ人は、あんなにも欣喜雀躍として帝国主義的な拡張をやってのけられたのであろう。

近代におけるヨーロッパ人による世界制覇は、全能の神の賜物にほかならない。

十九世紀から二十世紀にかけて、最新種の「ヘブライ人」であるアメリカ人が、「明白な使命」(manifest destiny) の星条旗をかざして、ヨーロッパ人の後に続いた。広い国土に恵まれた彼らは、領土の奪取もさることながら、とりわけ技術革新による効率的な大規模生産や、情報操作を駆使した金融の分野で、神の支配の拡張に貢献した。

全能の神の分身だと信じている自分勝手な人たちが、その神を見倣って、自分勝手に地球を造り変えていったのである。

二十一世紀のいまなお、世界は大洪水の泥沼にどっぷりとつかっている。そして、神に永遠の救済を約束された選ばれた人たちが、豪華客船のごとき箱舟にあふれんばかりに乗り込んで、今日もまた華やかな宴を繰り広げているのである。

# 第四章　全能の神はなぜ悔いるのか

## 創世記と天地の創造

ユダヤ＝キリスト教の神は全知全能だといわれるが、「全知」は「全能」の中に含まれるから、私はこれまで「全能の神」と書いてきたが、これからもそのように続けたい。

ところで、神の全能の最たる証しは、宇宙、すなわち天地万物の創造であるが、それを書き留めたのが旧約聖書の冒頭に置かれた「創世記」であるので、まずそれから見ていくことにしよう。

「はじめに神は天と地とを創造された。」地は形なく、神の霊が水の表を覆っていた。神が「光あれ」と言うと光があった。神は光と闇とを分け、光を昼と名づけ、闇を夜と名づけた。神はまた言った。「水の間に大空があって、水と水とを分けよ。」神は大空を造って大空の下の水と上の水とを分けた。――これが神による宇宙の創造の一日目と二日目である。

この有名な文章を読んでも、神が宇宙全体とその部分をどのように造ったかがさっぱり分からない。創造の大事業の前に天も地も光も水もあって、神はそれらに名前をつけたり、いくらか手を加えたにすぎないではないか、とも思えなくもない。神が「光あれ」と言ったから光が現われたのではなく、悠久の昔から光があったから、「光あれ」と言ったまでではなかったのか。

宗教学者のジャン・ボテロはこんなことを言っている。——「無の思想はあまりにも抽象的で、手の届かないものであった。……創世記で語られるのは、本当の意味の創造ではなく、事物の位置や秩序の確定であった。」[1]

この創世記については強烈な思い出がある。私が通っていたキリスト教系の中学では、一年生は新約聖書、二年になると旧約聖書の授業が週に一時間ずつあり、近くにある教会の牧師が聖書の時間の教師を兼任していたが、旧約の言葉に即して六日間の神による創造の説明をしていると、一人の生徒が「そんなバカな」と少し大きな声でつぶやいた。それを耳にした牧師は烈火のごとく怒って、「君は神の言葉が信じられないのか！」と怒鳴りつけたのである。一瞬、教室はシーンとなって誰も言葉を発しなかった。私も黙っていた。

その学校では、第一時限が週に三回、礼拝の時間と決められていて、讃美歌の斉唱と聖書の朗読のあと、色々な学科の教師による説教があったが、なんとか聖書の言葉に関係づけているものの、いつも似たような話ばかりで退屈きわまりなかった。そんななかであの牧師の月に二回ほどの説教は、職業柄か話術が巧みで語り方も柔らかく、まずは楽しく聞くことができた。

それなのに、神による創造を疑ったばかりにあの豹変ぶりである。正直なところ、私もあの生徒と同じように考えていたが牧師の怒りに気圧されて、口をつぐんでいた。もしあの時「僕もそう思う」と言っていたら、他の生徒もそうだそうだということになって、あの強圧的な牧師に一矢を報いることができたのではないかと、いささか後悔している。

それまでも、私はキリスト教に馴染めなかったが、あの「事件」をきっかけに決定的にそれから離れていった。

## 悔いることのない神がなぜ悔いる

私のような凡人は何かあるとすぐ後悔するが、全能の神はさにあらずと思いきや、聖書によると、イスラエルの神も時には後悔することもあったようである。

確かに、モーセ五書の一つである「民数記」には、「神は人ではなく、偽りを言うことがない。死すべき存在ではなく、悔いることがない」と書かれている。(2) しかし、それも時により、事情によりけりのようだ。

というのも、イスラエルの歴史が進んで、サウルという人物が初代の王になると、神の御機嫌がいたくななめになったからだ。

このサウルは預言者のサムエルの推薦で三十歳にして王になり、イスラエルの周囲のモアブやアンモンの人々、それにペリシテ人と戦って、いずれも勝利を得た。ところが「万軍の主」はそれを嘉《よみ》するどころか、イスラエル人がエジプトから上がってきたとき、それを妨害したアマレクを撃って罰せよという命令をサウルに下した。それも半端なものではなく、「アマレクのすべての持ち物を滅ぼし尽くせ。彼らを許すな、男も女も幼子も乳飲み子も、牛も羊もラクダもロバもみな殺せ。」つまり、神のための犠牲として、徹底的に「聖絶」せよという容赦のないものであったのだ。

やむなくサウルは歩兵二十万を率いてアマレクの町に向かったが、その中にエジプトから上がってきたとき親切にしてくれた「ケニ人」がいたので、サウル王は特に目をつぶって、彼らを脱出させた後でアマレクを攻め、剣をもってその民を悉く滅ぼした。そればかりか、牛や羊のうち最もよく肥えたものは残し、値打のないものだけを滅ぼし尽くした。

このような「聖絶」の手抜きに、ヤハウエは天から轟くような怒りの声を上げた。――「私はサウルを王にしたことを悔いる。彼が背いて私に従わず、私の言葉を行わなかったからである。」(3)

神の命令とあれば、どんなに残忍非道なことであってもためらわずに実行しなければならないのに、サウルは敵にかけた情けが仇になってしまったのである。

最初に「サムエル紀」を読んだときには、全能の神もたまには後悔することもあるんだな、ぐらいにしか思わなかったが、実は何度も後悔しているのである。先ほど引用した文章のある同じ一五章には、「イスラエルの栄光は偽ることもなく、悔いることもない。彼は人ではないから悔いることはない」と豪語しながら、「また主はサウルをイスラエルの王としたことを悔いられた」と書かれているではないか。

ドイツの聖書学者によれば、旧約では神の後悔が人間の十倍の頻度で現われるという。悔いることのないはずの神がこんなに何度も悔いるというのは、矛盾などという高級なものではなく、単なるもの忘れか、その時々の思いつきにすぎないのではないかとも考えたくなる。

聖絶をやり遂げずに何度も全能の神に後悔させたからには、「裏切り者」サウルに対するヤハウエの追及はとどまるところがない。神がサウルを王位から退かせてお気に入りのダビデにすげ替えようとしたので、怒り狂ったサウルは、涼しい顔をして竪琴をつま弾いているダビデを、槍で貫いて壁に刺し通そうとしたが、ダビデは二度も身をかわしてサウルの攻撃をやりすごした。これにも神の手が働いていたにちがいない。

一方、神につけまわされて精神に異常をきたしたサウルは、ペリシテ人との勝ち目のない戦いに打って出て全滅してしまった。敵の手にかかって最期をとげるのを潔しとしなかったサウルは、自ら剣を取ってその上に伏したのである。

全能の神に後悔をさせるというのは、かくもすさまじい結果を人にもたらすのだ。

## 全能と無能

『世界の洪水神話』の編者である篠田知和基氏は、その「序」でこう書いている。

「後悔する神という観念は、絶対神の観念とは結びつかない。悪の種も神がつくったものの中にあったとすれば、神が後悔したとしても、それは人間の責任ではない。……あるいは人間が自然に退廃して、神が考えたものと違うものになったとすれば、神の力は自然の営みに及ばないことになる[4]。」

まことにその通りだと思うが、もう一つ付け加えさせていただければ、自然そのものを創造したのが神であるなら、神は自分でつくったものですら自分の思いのままにならないことになる。つまるところ、神は全能であるどころか、とりわけ人間の本性にかかわることについては無能だと言った方がいいのではないか。

少し結論を急ぎすぎたかもしれないので、もう一度あの洪水神話に戻ることにしよう。

ドイツの神学者イエレミアスによると、ノアの大洪水というものは、「何人かの少数の無謀者たちの悪ではなく、すべての人間の悪意がヤハウエに絶滅の決意をさせたのである。しかも、この悪意は時折りのものではなく、常に人間の行動を規定し、時に善をなすような余地を残さない、まったく支配的な種類のものである[5]。」

人間に取り憑いた悪がこのように全般的で恒常的なものであるとすれば、どんな大洪水によっても人間を全滅させることなどおぼつかないから、そのような人間の悪は未来永劫に残ることになる。

神の最大の後悔は、自らが全能ではないことを思い知らされることではないか。しかも、その神はうすうす全能ではないことに気づいているから、サウルのように全能の命令に逆らう者には、理不尽な怒りを爆発させるのである。全能のヤハウエは、その全能に対するどんな批判や疑問にも持ち堪えられないのだ。

ここで、メソポタミアの神々の世界を振り返れば、大洪水の仕掛人のエンリルに向かって、多くの神々は集会で堂々と抗議したし、イナンナをはじめとする女神たちは泣き叫んで非難を浴びせたではないか。

いくら地団駄を踏もうと、神がこのように全能ではないということは、人間にとってはむしろ幸せなことではないか。神が額面どおり全能であったとしたら、悪につきまとわれる人間は、とっくの昔に根絶やしにされてしまっていたであろうからだ。神の無能のおかげで、私たちは今日まで生き残ってこられたのかもしれない。

## 現実世界における全能の完成

神の全能というのは、このように神話、いやキリスト教会による宣伝にすぎなかったとしても、それはまったく意味がないというわけではない。

長い時間の経過のうちに、神の全能性が人間の頭脳に刷り込まれて観念として定着すると、それは頑固一徹な神そのものよりも融通性や発展性や浸透性があるから、その効果がより発揮されやすくなる。

そして、この観念としての全能が拡張されて普遍性になると、神からも物からも解放されて抽象性を帯びてきて、最も単純な二進法的な数値化から自動化へと繋がっていく。

このような観念としての全能性にいち早く着目して、それを多方面に発散させていったのは、ヨーロッパのキリスト教徒であった。たとえそれが観念にすぎなかったとしても、神の全能に裏打ちされているから、それを追求するにあたっては、疑問や躊躇が忍び込む余地はまったくなくなる。そして、いったん全能の神にふさわしい高度な目標を設定したら、無駄を省いて効率を上げながら、ひたすらその完遂に向かって進んでいかざるをえない。

こうして惰性を与えられた動きは、すでに抽象化されているから、数学や物理学の研究にも、科学と機械技術の組合わせにも、商品生産の複雑化や大規模化にも、金融操作の神聖化や怪奇化にも、相手も所もかまわずに伸び拡がっていく。それに、この全能性の放射的な発散には、自動化や効率化が内蔵されているから、人間があれよあれよと見ているうちに、光速度という極限まで進んでいってもまだ止まらない。

この全能の無限軌道の延長線上に生み出されてきたのが、電子や量子を思いのままに動かすスーパー・コンピューターであり、人間の頭脳の働きを模倣しながらそれを凌駕しようとしている人工知能であった。このようなものは、神すらも想像できなかった超能力、いな正真正銘の全能そのものではないのか。

## 全能の恐怖

近ごろの新聞やテレビを見ていると、私のような時代遅れの人間は目がまわるばかりである。私など見たことも触ったこともないビットコインなるものが大量に出回っていて、二〇一八年の一月二六日の午前〇時を過ぎたころ、たったの二〇分間でインターネットの回線から、五七六億円もの巨額な金が、どこへともなく消えてしまったという。私の記憶に残っているあの三億円強奪事件では、一万円札をぎっしりと詰め込んだトランクをオートバイに載せて、ヘルメットをかぶった青年が街中に雲隠れしてしまったそうだが、「仮想通貨」というものは実体のないものであるから、三億円であろうと五七六億円であろうとただの数字だけのもので、コンピューター上のビットの違いであるにすぎないのだろう。私には、「時代は紙からデジタルさ」と軽快に歌い踊る「仮想通貨の少女」ぐらいしか目にすることはできないが。

こうした棚から大牡丹餅（なんという古臭い言い草だろう）も、自動化と効率化が極限まで進んだからこそ摑み取ることができたのだ。

それから一〇日たった二月五日、今度はニューヨークの株式市場で、過去最大の暴落が起こって、アメリカだけで一兆ドルもの株式の時価評価額が蒸発してしまったそうだ。このような株式の幽霊現象をもたらしたのは超高速の自動取引によるものだったという。そのプログラムは、なんと一秒間に一〇兆ドルもの取引をやってのけるそうだ。

二〇一四年四月の新聞のスクラップを見ていると、「システム駆使一秒数千回」という見出しが太字で印刷されていたが、わずか四年足らずの間に自動取引の速度は、百万倍にもなっているのだ。

日本経済新聞の解説記事によると、アメリカでは株式を運用する資産の六割はこのように機械的に売買されていて、十年前の二倍に増えているが、人間が直接に執行するのはたったの一割にすぎないという。(6)

公共投資や景気の維持のために中央銀行が通貨を乱造乱発したために、世界の金融市場では、マネーが溢れて金利は最低水準にへばりついたままで、かつては株価を決める目安とされた金利が機能しなくなったことから、投資家はほんのわずかな短期のさや取りに活路を見出さざるをえなくなった。こうして速度と頻度を求めて自動的に高速取引される「無機的なマネー」がすごい勢いで増殖しているという。

無機的であろうと有機的であろうと金は金であるから、売買の方向やタイミングを誤ったら、一瞬のうちに大損を抱え込むことになるが、そんなことに機械は責任を取ってくれないから、後悔するのは人間だけということになる。

株価の変動を指数化した「恐怖指数」というものが開発されたそうだが、そんなものをパソコンの画面で見た人が真っ青になっていっせいに売りを連発すれば、現実に株価が急落して、それがさらに売りを呼んで下落に拍車がかかってしまう。

こうして恐怖が恐怖を産み、それがまた恐怖を誘発して恐怖が自動的に増幅されていけば、株価の下落に下支えがなくなって、大底にぶち当たることになる。それがパニックというものなのだろう。

## 限界を超える全能

最近の仮想通貨や株価の暴落は、まだ局所的で一時的なものにとどまっていて、経済全体に波及するまでにはなっていない。

ここで思い出されるのは、二〇〇八年に世界経済を震撼させたリーマンショックである。あの時も、サブプライム・ローンなどの、返済されるかどうかもわからない債務を証券化したうえで、デリバティブという人目を欺く衣装を着せて、金融機関が売りまくった。そしてクレジット・デフォルト・スワップとかそれをさらに指数化したＣＤＸなどが派手派手しく登場して、大量に売買された。

今から思えば、それらは実体からかけ離れた仮想通貨のようなものであった。そのようなものは実体が乏しい分だけ、「ビット・コイン・ゴールド」とか「ビット・コイン・ゴッド」とか、名前を聞いただけでわくわくしてきて、ただ金儲けのためにやっているのだということを忘れさせてしまう。

「仮想通貨」を売り込むために、「ゴッド」まで駆り出されたというのは、全能の幻想による自動化と効率化が極限にまで近づいたことを、はしなくも示している。

今や自動化も効率化も、人間はむろんのこと、システムにもコンピューターにも手に負えなくなっているのではないか。人間はただはらはらしながら、それが行きつくところまで行きつくのを見守っていることしかできないのだろうか。

ここでまた思い浮かぶのは、あのデルフォイの神殿に彫り込まれた「限度をわきまえよ」という箴言である。哲人ソクラテスも、この言葉を肝に銘じて忘れないようにしていたということだ。

論理というものは、突きつめていけば、数字になり、ビットになる。論理はその組合わせにおいても速度においても、限度というものがないから、全能の神には相性がよくても、人間の尺度からははみ出していってしまう。

この論理の無窮動に論理を以て待ったをかけようとしたら、その分裂を刺激したり、錯綜に拍車をかけるばかりである。金融庁は二〇一七年に資金決済法を改正して、仮想通貨の取引業者の登録制を導入したが、登録を申請しているだけの「みなし業者」がかなりいるという。また法律によって違法もしくは行きすぎた取引を規制しようとしても、取引を自動化して当局の監視をすり抜けたり、小口の取引をばらまいて発見されにくくしたりしているという。

このようないかがわしい取引を完全に締め出すには、仮想通貨の流通そのものを法律によって禁止しなければならないが、そんなことをすれば、安い手数料で大量の資金を高速で処理する技術の開発や普及が遅れて、アメリカなどからますます引き離されてしまうという苦情や批判が、業界やメディアから出てきて、政府も監督官庁も二の足を踏むことになる。

## 論理と倫理

論理の行き詰まりというアポリアを避ける最良にした簡便な方法は、論理ならぬ倫理をもっと重視することであろう。

万事にわたる自動化と効率化という目標が出てきたのは、もとをただせば、全能の観念とすべてを神に帰する世界観であった。そして、この観念と世界観に最も強く対抗できるのは、人間にとって、世界にとって何が正しく、正しくないかを問う倫理というものである。

この倫理を支えるのは、数理的な分析ではなくて、直観である。そして、この直観はすべてを一時に見渡しながら、その中から最も本質的なものを探り出し、意味づける。このようなそのものずばりの直観は、単純明快であるから、どんなものにでも応用できる。

それは清らかな水が浅いように見えてもなかなか底に足が届かないように、深みを隠している。それは格言のような短い言葉を好むものの、カバーする範囲は侮りがたく広い。それは浮遊しているように見えて、人間や自然や事物の根源に結びついているから、軽く見ると足元をすくわれる。

このような直観を集めて、それなりに秩序づけたものが思想であり、かつては哲学と呼ばれていくらかは権威もあったが、形式にとらわれすぎたり、細部にこだわりすぎたり、科学の真似事をしたりして、なんとなく胡散臭く思われるようになり、今では見る影もなく落ちぶれてしまった。

ましてや、それがマスメディアに取りあげられて世間から脚光を浴びるようなことは、どう転んでもありそうもないように見える。

私が言うのはカビの生えた道徳的な説教のように聞こえるかもしれないが、自動化と効率化の怒涛のごとき進撃を阻止することができるのは、この倫理と思想のほかには見当たらないような気がしてならない。

このような倫理が法制やメディアの報道を通して影響力を強めていけば、単なるお題目にとどまらずに、実行力を持つようになる。そして、それが国民の反省のレベルを高めて、教養や知識の獲得にも連動していくようになれば、アンタッチャブルのように見えたあの自動化と効率化の趨勢にも、ブレーキがかかるかもしれないのではないか。

人より先走りして、金を稼ぐことばかりに夢中にならずに、時には立ち止まって、ゆっくりとまわりの情景を見渡す余裕も必要なのである。

脇道に迷い込んでしまったようなので、このあたりで本道に戻ることにしよう。

## 全能にして無能の核兵器

人間がこれまで国家をあげて、民族をあげて血眼になって競争してきたのは、新しい兵器の開発や改良であった。もしそれに他国から遅れを取ったりしたら、国民の安全を護ることすらおぼつかなくなってしまうからである。

人間がこうした競争にうつつを抜かしているうちに、兵器の殺傷能力とその被害の及ぶ範囲は飛躍的に大きくなっていって、ついに核兵器なるものが出現した。それはすでに地球をいくつもまとめて破壊するほどの威力を持って、神の全能に近づいていったばかりか、その全能すらとうに追い越してしまったのだ。

このような文字どうりの究極兵器は、敵対する国が互いに撃ち合えば、いずれの国民も全滅するのは必至だから、それを発射するボタンを押すことは事実上不可能である。つまるところ、それは全能であるどころか、無能の長物になってしまったのだ。それどころか、保管したり劣化を防いだり、異常者や反体制派などの襲撃に備えるために多大な費用を要する、ただの厄介者になりおおせてしまったのだ。

しかし、このていたらくの核兵器も、実戦用ではなくただの玩具としてなら、立派にその役目を果たしている。アメリカの大統領は、核兵器を小型化して使い勝手をよくしたうえで、言うことを聞かなければどこへでも打ち込んでやると息まいている。

その仮想敵らしい北朝鮮の金正恩労働党委員長は、アメリカの威嚇に屈するものかと、核兵器の性能に改良を加える一方で、その弾頭を積載したミサイルの航続距離をアメリカまで伸ばそうと躍起になっている。そして、実験と称しながら、そのミサイルを日本海や太平洋にめったやたらと飛ばしている。

これは玩具の火遊びかもしれないが、もしミサイルの本体はむろんのこと、その破片がどこかの島に落下したり、漁船や貨物船などに命中したりしたら、被害を受けた国は黙って見過ごすわけにはいかないから、もしその報復として核兵器を使ったりすれば、本格的な核戦争の引き金をひかないともかぎらない。

こうして玩具による火遊びが核攻撃に火をつけるようなことがあれば、たちまち無能は全能に転化して、地球が恐怖に覆われることもまったく考えられないことでもない。もしそんなことになったら、小惑星か彗星の尻尾が地球に落ちてきたような大騒動に見舞われて、私たちは全能と絶滅という神の領域に引き込まれてしまうことになる。

私たちは今日なお、全能の神話から完全に解放されてはいない。

## **ですは「たはけ仏」**

世界には、ユダヤ教徒やキリスト教徒やイスラム教徒のような唯一神を信じている者だけが住んでいるのではない。神の全能はむろんのこと、神の存在そのものも認めていない者もいくらでもいる。

これからそうした人たちの考えの基本を、徳川幕府の旗本から禅僧に転じた鈴木正三に語ってもらうことにしよう。

一六三七年に島原と天草にキリシタンの乱が起こると、正三の弟の重成は幕府軍の火器隊長として現地に向かい、乱の鎮定後は初代の代官として天草にとどまって、民生の安定につとめていた。六四歳になっていた正三は、弟の事業を精神面から助けるためにはるばる天草まで出かけ、キリシタンからも直に話を聞いたりもした。このような当時の日本人としては稀有な経験から、鈴木正三は、『破吉利支丹』なる書物をまとめて、乱によって破壊された十以上の寺院に納めたのである。

開口一番、彼はこう言ってのける。——「きりしたんの教えにでうす（Deus）と申す大仏、天地の主にして、万《よろず》自由の一仏有り。……でうす、天地の主にして、国土、万物を作出し給ふならば、何として今まで無量の国々を捨置きて、出世し給はざるや。……でうす、天地の主ならば、我作り出したる国々を脇仏に取られ、天地開闢より以来、法を弘めさせ、衆生を済度させ給ふこと、大きな油断なり。……このでうすはたはけ仏なり。」

正三の筆はこのあと、日本にきた宣教師たちが大宣伝している神やキリストによる奇蹟へと向かう。——「きりしたん宗には、総じて万物の奇特なることを尊び、でうすの名誉なりと云て、様々なはかりごとを作て……人をたぶらかすよう聞き及ぶ。奇特なること、尊きならば、魔王を尊敬すべし。」

バテレンたちが布教の武器にしている奇蹟に対して、正三は仏教の説く「仏の六通」をもって立ち向かう。すなわち、「天眼通」、「天耳通」、「他心通」、「宿命通」、「飛行通」「漏尽通」の六つであるが、最後の「漏尽通」については、「天魔外道の及ぶところにあらず、煩悩を断じ尽くす仏智なり」と説明を加えている。

こうは言い切ったものの、正三は「仏の六通」の奇蹟をそのまま信じているようには思えない。キリスト教の説く天地創造以来の驚くべき奇蹟に対抗するために、及ばずながら仏の六通をぶつけて、神の全能を相対化しようとしているのである。

次にくるのが、彼の狙いすました批判である。キリスト教は畜類と人間を区別して、畜類には霊というものがないから死ねばそれまでであるが、人間は肉体は滅んでも霊は死なずに残り、生きている間の善悪の業によって、地獄と天国に別々に送られる「由、聞きぶ。破して云く。畜類と人間の霊を作り分け給ふならば、何として人間の霊に悪心を作り添えて、地獄に落とし給ふや。然らば、人間を地獄に落とし給ふ事は、偏にでうすの業也。」神の手落ちの故に人間を地獄に落とすとはなにごとか、というわけだ。

この言葉は、これまで私が縷々述べてきた議論の中心に、ずばりと通ずる。

もし全能で不滅の神が人間の心に悪を埋め込んでおいたとしたら、その悪もまた不滅であり、一度や二度大洪水を送り込んだくらいでは全人類を絶滅できるはずがなく、生き残った人間には悪もまた生き残っているから、彼らが繁殖すれば悪もまた繁殖せざるをえないのである。

箱舟と大洪水は無駄骨であり、神がいくら後悔したとて何の足しにもならない。そうした後悔をいつまでも続けていたら、全能の大看板に傷がついてしまうのではないか。

　正三の批判は、神をやり過ごして人間の自由へと深まっていく。

「凡夫迷倒の病知らずして、薬を用いる事有るべからず。」その人間の病というのは、夢幻のこの身を実体だと錯覚して、日となく夜となく心を悩ますことであり、それが貪欲、瞋恚、愚痴の三毒となって、自分を責めるのである。つまり、根源の根源というのは、「ただ身を思ふ一念」にあるのだ。

　その後、正三は、人間の心の転倒を四つ列挙するが、その三つ目はこうである。――「十悪八苦の身体を受け、煩悩のきづなにつながれながら、自由の身と思ふ心也。(7)」

　こうした転倒に気づかないために、私たちは自己を思う一念という煩悩に振りまわされて動き回りながら、それが「自由」なのだと錯覚してしまうのだ。

　いま地球せましとのし歩いているのは、このような転倒した自由である。要領のいい者勝ちのレッセフェールが市場を独占し、民主主義を騙りながら大衆に迎合するポピュリズムが、政治家にも選挙民にも大歓迎され、ネット上では「いいね」の連打が食べ物や娯楽から、芸術や文化までのすべての値打ちを決めている。

　ついでにもう一つ憎まれ口をたたけば、神を絶対化して崇めるのも、煩悩の仕業というものではないのか。

## 偶像崇拝と神の嫉妬

イスラエルの神が煩悩に責められる例をもう一つ挙げれば、偶像崇拝の禁止である。ヤハウエ神は嫉妬心がことさら強いので、人間が神や仏によく似た偶像を作って、その前で祈ったりひれ伏したりすることに我慢できないのであろう。

それはあの有名な十戒にはっきりと書かれている。――「おまえたちは自分のために、刻んだ偶像を造ってはならない。上は天にあるもの、下は地にあるもの、また地の下の水のなかにあるものの、どんな形も造ってはならない……私は妬む神であるからだ(8)。」

神がこんなに嫉妬深くては、どのような像も許すわけにはいかない。その像が美しく、力強く、真に迫っていればいるほど、神の嫉妬は燃え上がるのである。

神の狂おしい嫉妬は、偶像から人間へと向かっていく。「イザヤ書」でこう言っているではないか。――「主のみ前では、もろもろの国民は無きに等しい。」

ユダヤ人以外の人間は、あってなきがごとしというわけだ。

預言者イザヤの言葉は、この後でまた偶像に立ち向かっていく。――「おまえたちは神を誰と比べ、どんな像と比較しようとするのか。偶像は細工人が鋳物で造り、鍛冶が金でもってそれを覆い、また、これがために銀の鎖を造る。貧しい者は捧げものとして、朽ちることのない木を選び、巧みな細工人を求めて、動くことのない像を立たせる(9)。」

ユダヤ人はこんなに偶像を忌み嫌いながら、つまるところ、自分たちの唯一絶対神を偶像に仕立ててしまったのではないか。たとえそれは目に見えなくても、彼らにとっては最強にして最大の偶像であり、あらゆる偶像はその光の前では影が薄くなってしまうのだ。

ヤハウエ神は人間ばかりでなく、もろもろの偶像の前でも君臨しているのだ。

## 偶像は生きている

ローマ帝政期のギリシア人の弁論家で、「黄金の口」という異名をつけられたディオンは、『オリュンピアのゼウス像と神の観念』という弁論のなかでこう言っている。——「(ゼウス像を制作したペイディアスのような彫刻家は) 人間の身体を思慮と理性の容れ物として、神に付与するのだ。……すべての人間は、神的なものへと衝き動かされる気持ちのゆえに、それを近くから敬って奉仕を捧げたいという欲求を持つ[10]。」

ギリシア人やローマ人の心性は、神に憑かれたユダヤ人のそれとはこんなにも異なっているのだ。

私たち日本人にとっても、色々な偶像はそんなに疎遠なものではない。とりわけ、立体的な彫刻は人間のように、いな、人間以上に生き生きしているように感じられる。

上野の国立博物館で群衆に押されながら、鎌倉時代の仏師運慶が造った彫刻群を見ていて、私にはそれらがただの偶像のようには思われなかったのである。

釈迦三尊や地蔵菩薩や仁王などの仏像もさることながら、特に私の目を引いたのは、インドで唯識論を大成した無著の像であった。それは普通の人間よりも一まわり大きくて、左手を前に出してすっくと立っていて、ふっくらした頬には穏やかさをたたえながらも、何事にも怯まない強い意志が漲っていた。

しかも素材の木が割れて左の額から頬にかけて深い罅《ひび》が走っていて、自然の営みと人間の心の動きが微妙に響き合っていた。それは運慶という人間が造り出したものでありながら、人間の存在をはるかに超えているように感じられた。その感銘が消えやらぬうちに、私はまた仏教研究家の金子啓明氏が書かれた『運慶のまなざし』という著書に出会うことができた。それは私があの場で直観したことが、深く掘り下げて書かれている。

金子氏は一ページ目からこんなことをぶつけてきて、面食らってしまった。——「仏像は聖なるものであるが、人間と同じように生きていて、その意味では魂が実在する。いわば仏像の心臓は鼓動しているのである。」

仏像は、そして無著のような仏者も、ただの木偶《でく》の坊ではなくて、今なお生きて呼吸している。それは人間の像を写し取りながらも、人間を抜け出て不朽になっているのだ。

「仏像とは超越的な力を宿した造形であり、そこには、仏の意志の作用が常に響いていなければならない。」

旧約聖書を聖典とするユダヤ教はむろんのこと、キリスト教もイスラム教も、揃いも揃って一神教は偶像を目の敵にしている。ヨーロッパから日本までやってきたキリスト教の宣教師たちは、仏像ばかりか仏壇や位牌まで壊したり焼いたりしたし、メッカを占領したマホメットは、カーバ神殿にぎっしり蓄えられた偶像に襲いかかって打ち壊したという。

彼らが最も畏れたのは、偶像が神秘的なほど美しく気高ければ、人々の崇敬の念が神から人間の作った偶像に移っていってしまうことではなかったか。

「仏師は人々の祈りに応じるために仏像を制作するのであって、自分のために制作すのではない。仏像は制作者の仏師を超えて独立した霊的な存在となり、時間と空間を貫いて歩き続けるのだ(11)。」

仏像がこのように自分の意志で独り歩きを始めて、人々の注意がその方向へむけられるばかりか、崇敬の念や信仰までが引き寄せられてしまうことほど、一神教にとって危険なことはない。それはその絶対不可侵の基盤を根底から覆しかねないからだ。

だからこそ、それはあらゆる力を動員して、どのような手段を弄しようとも、その脅威が現実化する前にすべての偶像を叩き壊さなければならない。また、それを正当化するために、偶像そのものと偶像の魅力で信者を集めようとする宗教を、罵倒嘲笑しなければならないのだ。

## アメリカは悔い改められるか

全能であること、あるいはただ全能を装うだけでも、絶えずものすごい圧力にさらされ、緊張を強いられる。

第一次世界大戦が終わったあと、戦禍のなかにさまようヨーロッパを尻目に、アメリカは世界の覇権国にのし上がっていたが、自分たちが向かうところ敵なしの事実上の全能の座についたことなど、まったく意識していなかったアメリカ人は、なんの圧力も緊張も感じていなかった。そのアメリカの最高権力者である大統領には、「間抜けのハーディング」のあとを継いで「脳なしのクーリッジ」が選ばれたが、清教徒であることを誇りとする新大統領は、取巻きとポーカー遊びばかりしていた前任者とは違って、「アメリカのビジネスはビジネスである」という名言を吐いただけに、仕事はすべてビジネスマンに任せて執務室で居眠りに耽っていたという。

繁栄の二〇年代の掉尾を飾る三人目の大統領フーバーは、先輩たちにくらべればまっとうで仕事熱心であったがそれもいささか度が過ぎたようで、アメリカの産業をさらに強くすると称して、大戦で疲弊したヨーロッパ諸国に高率の輸入関税を吹っかけた。これにはヨーロッパ側もやむをえず報復関税で応えたため、大西洋を挟んだ貿易は大停滞に落ち込んでしまった。これが歴史に名高い悪法と言われるスムート・ホーリー法である。

アメリカから借り入れた戦費の返済に四苦八苦していたヨーロッパ諸国は、この保護関税の追撃を受けて、ますます不況に沈むばかりであったが、自動車などの大量販売で金が転がり込んでくるアメリカでは、使い道のない金が証券市場に音を立てて流れ込んできて、空前の株高景気に湧いていた。このバブルがはじけてアメリカが大不況に見舞われたことは誰もが知っている。

あの当時の大統領はまだアメリカの強さを認識することができず、また、全能の者に課せられる責任の重さも感じてはいなかった。その無知と無責任が、空前の大恐慌としてアメリカばかりか世界中にのしかかってきたのである。

あれから一世紀近くたって、今度はそのアメリカが中国にものすごい関税を吹きかけている。金満国だったアメリカも、その間にあのころのヨーロッパ以上の借金国になり、外国からの債務は五兆ドルとも六兆ドルとも言われている。アメリカに代わって最大の債権国になった中国に、トランプ大統領は年に四億ドル近くある対中赤字から一億ドル減らそうと、中国が輸出する鉄鋼や工業製品に巨額の保護関税をかけると脅している。それに対抗して中国が報復関税で立ち向かえば貿易戦争が燃え上がるだろうが、その勝負の帰趨はアメリカに不利になるだろう。というのは、中国はアメリカの国債を一兆一八〇〇億ドルも買い込んでいて、その一部でも売りに出されたらアメリカ経済がぐらつきだし、果ては転倒にまで至ることは避けられそうもないからだ。

軽率で強気一点張りのトランプ大統領は、アメリカの弱体化に気づいていないか、いないようなふりをしているのかは分からないが、弱さの認識不足は強さのそれよりも、アメリカ経済はもとより世界経済全体に与えるダメージは、はるかに大きい。

全能にどっぷりつかってしまうと、それから抜け出すのは容易なことではない。もう全能ではないと思えば思うほど、全能に取りすがろうとするからである。

ワシントンからの報道によると、陸海空の三軍に次ぐ、宇宙空間での軍事活動に専従する「宇宙軍」の創設を国防総省に指示したトランプ大統領は、「アメリカは宇宙を支配しなければならない」と述べたという。[12] 無鉄砲な発言の目立つ大統領は、神のごとき全能を装って、宇宙の果てからあのふやけた眼で世界中に睨みをきかそうというのだろうか。

全能を振り回されれば、周りのすべてが迷惑を被るが、擬似全能、あるいは全能もどきはそれよりもずっと甚大な被害を地球という惑星にまき散らすのである。

全能であるということは、独善であるということでもあるが、生まれながらの全能だと思い込んでいるヤハウエは、時に全能ではないことに気づかされて後悔することはあっても、それは自己の独善にまでは思い及ぶことがないから、ただ後悔を重ねるだけで、どこまで行っても反省までには深まらない。つまり、悔い改めることはないのである。

バプテスマのヨハネは荒野のなかで、「悔い改めよ！」と叫んでいた。ヨルダン川のほとりでその声を聞いたイエス・キリストは、「汝ら、悔い改めよ、天国は近づけり」とユダヤ中を説いてまわった。

悔い改めない人を待ち受けるのは、天国ではなくて、地獄であるのかもしれない。

# 第二部　ゴルゴタへの道

# 第五章　オスマン帝国の中のアルメニア人

## 文明の十字路とアララト山

第二部の主役として登場するのはアルメニア人であるが、まず彼らの居住する空間の地理的状況と環境について見ていくことにしよう。

人類最古の文明の発祥地であるメソポタミアからチグリス河とユーフラテス河を遡ってその源流に近づくと、そこにどっしりと構えているのがアルメニア高地である。

それは平均して海抜九〇〇メートルから二一〇〇メートルに達するなだらかな高原である。そこを抜けて北へ降りていけば、黒海とカスピ海に挟まれた広い回廊に出て、遥かに聳えるコーカサスの峰々の彼方にはロシアの大地が拡がっている。

そこから東へ向かえば、独自の文明を誇るペルシアやゾグディアナ、さらにはシルクロードを通って中国に至る。また、西方には現在トルコの領土になっているアナトリア半島が伸びていて、地中海を航海すればそれほど時間をかけずにギリシアやイタリア半島に行ける。内陸に入って、ドナウやラインの河沿いの道を取れば、ヨーロッパの中心部から大西洋まではそれほど遠くはない。

そこは物や文明が東西南北からやってきて交差する十字路であった。徒歩や騎馬の軍隊が山岳を越えてやってきて互いに領土を奪い合ったり、さらに力や野心のある者たちはもっと大きな獲物を求めて、そこを通り抜けて遠征していった。

ひときわ高いアララト山を取り囲むように、政治的・社会的共同体が形成されたのは、紀元前千年ごろで、「ウラルトウ」と名乗る国家ができあがった。そして、〈U〉が〈A〉に変わって、「アララト」が山や地域の名になったのだという。

そのころはメソポタミアの北部ではアッシリアが強大になっていて、各地の征服を始めていたが、統一国家を作ってそれに対抗するのは自然の姿であったであろう。

ソ連時代の考古学者で、現地での発掘調査にも参加したビオトロフスキーは、『埋もれた古代国家の謎』にこう書いている。――「前八世紀ごろから六世紀までの二世紀の間、トランスコーカサスの南の部分はウラルトウ王国の領地に入った。いまのアルメニア共和国の領地には、征服や建設工事のことを記した断崖上の楔形文字の碑文や、険しい山上に残る古城址など、ウラルトウ王国の遺物が多く残っている。[1]」

とりわけ、紀元前八世紀の初頭には、ウラルトウの領地は大きく拡張された。王国の中心には、長さ七〇キロの運河が建設されて飲料水を導き、畑を潤して、穀物や果物や葡萄を「雨のように」もたらした。

このように繁栄するウラルトウを我物にせんものと、アッシリアの征服王サルゴン二世に率いられた軍隊が、「台風か豪雨のように」押し寄せてきた。ウラルトウ軍は善戦奮闘したが、アッシリア軍の勢いを止めることはできず、「途中にあるすべてを一掃して都市に入り、破壊をほしいままにした。石の城壁は粘土の壺のように打ち砕かれ、地面と同じに均《なら》されてしまった。[2]」守護神が持ち去られたと聞いたウラルトウの王は、腰の剣を抜いて自殺して果てたのである。

紀元前七一四年、アッシリア軍はウラルトウに総攻撃をかけ、ついに王国は滅んだ。雪をかぶったアララト山は、それをどのように見守っていたであろうか。

## アジアのヨーロッパ人

国家としてのウラルトウの消滅後も、住民たちはその地にとどまった。それらの人はインド・アーリア語族系のアルメニア人で、アルメニア語を話し続けることで民族としてまとまっていた。こうして雌伏しているうちに、ギリシアからアレクサンドロス大王が精鋭の軍隊とともに押し寄せてきて、彼らにも展望が開けてきた。大王自身はアルメニアの領地に直接侵攻しなかったが、彼の遠征軍がそこを占領していた連中を蹴散らしたので、独立を回復することができたのである。

こうして、ギリシア文明と接触ができるようになり、「オリエントとヨーロッパの文明が融合する条件が整って、アルメニア人の天分ができあがるとともに、彼らを『アジアのヨーロッパ人』仕立てることになった。(3)」

アレクサンドロス後継のセレウコス朝が存在した二世紀の間、芸術や商業の言語になっていたギリシア語は、アルメニアの行政言語になり、上流階級によって頻繁に用いられた。「アルメニアにはアポロンやアルテミスに捧げられたギリシア様式の神殿が建てられ、ギリシア語が刻印された貨幣がアジア全土と同じようにアルメニアにも登場した。(4)」

アレクサンドロスがペルシア軍を破ったので、東からの脅威はひとまず去ったが、今度は西から共和制ローマが急速に勢力を伸ばしてきた。

こうした東西の大国の睨み合う微妙な間隙をついて、アルメニアではティグラネス二世があまり警戒されずにのし上がってきた。傑出した将軍として、彼は隣接する国々を次々に征服し、アルメニア王国の伝統的な国境を押し拡げていって、一時は南はメソポタミア、西は地中海に面したシリアやフェニキアにまで達した。

彼はペルシアの皇帝を真似て自らを「王の中の王」と称し、アルメニアの歴史上でただ一人「大王」と呼ばれるようになった。このティグラネス大王が支配する領土は、中核となる「大アルメニア」の部分だけでも、三倍にも膨れあがったのである。

かつての海なし国は、いまや「海から海へのアルメニア」、すなわち左右に黒海とカスピ海を従える新興大国になったのだ。

しかし、この栄華の絶頂も、ほんの一場の夢に終わってしまった。大ローマが国内のごたごたに始末をつけて、カエサルと肩を並べるポンペイウスが乗り出してくると、アルメニアは敵すべくもなく、紀元前六六年にティグラネスはあっさりとローマとの条約にサインした。それによってアルメニアは、大王が獲得したすべての領土を失ってしまったが、国家の独立だけは辛うじて保持することが許された。

このころ、ペルシアのもう一つの系統であるメディア王国がめきめき力をつけてきたので、ローマは、アルメニアをメディアとの緩衝地帯として利用しようとしたのである。

それ以後の数百年間、アルメニアが国際舞台で脚光を浴びるようなことは、もう二度とならなかった。

## オスマン帝国経済を支えたアルメニア人

アルメニア人がその民族本来の力を発揮したのは、軍事や政治の場であるよりも、商業や貿易や金融や手工業においてであった。

東西と南北を結ぶ要衝で生活をたててきたアルメニア人は、そこを通り抜けていくおびただしい情報のなかから必要なものを必要に応じて選び出し、それをもとに巧みな話術と交渉術を駆使して、有利な商談を機敏にまとめては、莫大な利益をあげた。

彼らはまた、様々な商品が経由するルートから直接に、できなければ、代理人によって間接的に、国王や有力貴族の対立関係や、主な産物の生育や製造の状況や価格の動向、災害や動乱によって何がいちばん欠乏しているかなどを探り出し、考えられる限りの将来の変化に備えようとした。

このようなアルメニア人の経済的な適性は、とりわけ、中央アジアから十二世紀ごろにやってきた騎馬遊牧民で、アナトリア半島を武力で制圧したオスマントルコ王朝では珍重されて、それにふさわしく優遇されもした。

「アルメニア人はアナトリア半島の東部を中心に、古くからトルコ帝国内の各地に散在し、それぞれの地域で、宗教共同体単位で自治を与えられていた。これらの諸集団のなかで、十八世紀以降、首都のイスタンブルにおける金融業者が、『アミラ』と称する特権的な集団を形成し、その財力を背景として、帝国の徴税請負制でも重要な役割を果したが、造幣局の主要な役人も彼らが独占していた。[5]」

なお、この「アミラ」というのは、「長」や「司令官」を意味するアラビア語の「アミール」から派生したものである。

オスマン帝国のような外来の征服国家では、地域ごとに異なった通貨が流通していたところに、外国の通貨が加わって経済が混乱したため、アルメニア人のように両替商を営む金融業者が重宝された。造幣局では幹部ばかりか部下たちもすべてアルメニア人で、台帳もアルメニア語で記載されていた。

「最も富裕なアミラたちの何人かは、オスマン帝国のスルタンへの金貸しであり、そこから宮廷に絶大な影響力を有していた。エリート集団の一部として、このアミラたちは帝国の高官だけに限定された衣装を着て、馬に乗ることも許されていた。[6]」

このようなアミラのなかで相当な富を蓄積した者は、ヨーロッパの商社の代理人となり、香辛料や宝石やガラス製品から、武器や毛皮などをイタリアやオランダなどと取引した。子弟の教育にも力を入れていた彼らは、優秀な若い人材をヨーロッパへ留学させ、最新知識を取り入れるとともに、かの地ではすでに一般化していた民主主義や自由経済についてもなじんでいったのである。

当時はオスマン帝国の一部であったグルジアのチフリス（現在のトビリシ）では、「商人の三分の二はアルメニア人で、この地の銀行の六行のうち四行はアルメニア人の手に握られていた。（石油基地の）バクーでは、油井の半ば以上はアルメニア人の支配下にあった。[7]」

アルメニア人のエリートたちは、オスマン帝国の根幹を押さえ込んでいたのである。

## 「世界初のキリスト教国」アルメニア

このようなアルメニア人の目をみはるような活躍ぶりは、トルコと並ぶ大帝国であるペルシアでもよく知られていた。

フランス人の宝石商のジャン・シャルダンは一六六四年にパリを出発して黒海からグルジア

に上陸したあと、ペルシアを縦断してインドへ渡り、そこで本来の目的である宝石の商売をしてから、またペルシアへ戻って、王侯貴族に仕入れた宝石を売りさばくためにしばらく滞在していた。

シャルダンは、その時の見聞を『ペルシア紀行』にまとめて、帰国してから出版した。そこには彼が直接目にしたことが率直に語られている。

「アルメニア人は数ではグルジア人を凌駕している。彼らはいちばん裕福で、小さな投機や雑役などを一手に引き受けている。グルジア人はアルメニア人より権力があり、傲慢で、のさばりかえっている。」

「グルジア人は反抗的で、軽薄で、勇敢である。彼らは自由独立の気風を保っている。グルジア人はトルコ人との近い関係を保っている(8)。」

ここには、アルメニア人は機転が利いて金儲けがうまいが、性格的には軟弱である、それにひきかえ、グルジア人はトルコ人によく似て、強直で鼻っ柱が高くて行動的であると、二つの隣り合う民族の特徴をよく捉えている。

また、シャルダンはアルメニア人の抜け目のなさをよく見抜いていて、こう書いている。

「アルメニア教会が最も高く売っているのが、ギリシア正教で『シュロン』と呼ぶ聖油である。大多数の東方教会のキリスト教徒は、この香油にはあらゆる魂の病を癒す力があり、この聖油を用いることによって、罪からの更生と赦免の恩寵が伝わるのだ、とみなが信じている。」

これまでアルメニア人の宗教についてあまり触れてこなかったので、ここで簡単に説明しておこう。彼らはキリスト教を世界で最初に国教にしたとして——三〇一年だとしている——ローマ人よりも百年近くも早いことを誇りにしている。その彼らのキリスト教は「アルメニア正教」と呼ばれるもので、教義でも典礼でも、ローマ・カトリックとははっきりと異なる独特のものだという。それだからこそ、アルメニア人は他宗派のキリスト教徒の「迷信」につけ込んで、ちゃっかりぼろ儲けしていたのだろう。

アルメニア人の宗教について、シャルダンはこんなことも言っている。——「(現在の首都)エレヴァンから八キロほどのところに、アルメニア・キリスト教徒の聖域がある。ここは『エクス・ミアジン』すなわち神の一人子が降誕した地だと呼ばれているが、初代総主教(カトリコス)のグレゴリオスに、キリストがここではっきり現れたのだという。」

ここはいまアルメニア正教の総本山になっていて、世界遺産にも登録されている。四世紀に基礎が作られてからたびたび増築されて、他の教会よりもずば抜けて大きく威厳がある。私もこの教会を訪れたことがあるが、神学校も併設されていて、濃い頬鬚で顔を包み、黒い僧服の裾を引きずるようにして、何人もかたまって歩いている修道士もよく見かけた。彼らのなかから選ばれるカトリコスは民族が危難に襲われたときには、国民全体の指導者になるのだという。

このエチミアジン大聖堂には、キリストの脇腹を刺したという槍の穂先や、ノアの箱舟の破片だというものを納めたガラスのケースがあって、その前に人だかりができていたが、背のびしてやっと見ることができたノアの箱舟の破片と称するものは、ほんのちっぽけな朽ちた木の切れ端であった。

そういえば、あのシャルダンが記しているところによると、「エレヴァンはノアと家族が洪水の前から住んでいたところで、洪水の後にも箱舟が止まった（アララト山）から降りてきて、ここに住んだのだと地元では言い伝えられている。(9)」

ノアの箱舟については、大洪水の後に彼が最初に住んで最初の生贄を捧げたのはアララト山のふもとだとか、アルメニア人はノアの三人の息子の一人であるヤペテの子孫にあたるとかと、色々な話が伝えられている。

## ペルシアのアルメニア人

歴史学者の羽田正氏は、このシャルダンの『ペルシア紀行』を補足する形で、『冒険商人シャルダン』を書いたが、彼はペルシアの古都イスファハンを中心に話を進めている。

「十七世紀中葉のイスファハンでは、アルメニア教会の信徒の人口は、数万に達していた。彼らはインド系の人々と並んで最も重要な宗教的少数派であった。彼らの職業は織物や装飾品などの職人、酒場の経営者、小売商人など町の生活に密着したものから、国際的なネットワークを持つ大貿易商人に至るまで、多種多様であった。」

なぜイスファハンにこんなに多くのアルメニア人がいたかといえば、彼らの商業や手工業での有能さや、国境を越えての幅広い取引に目をつけたサファヴィー朝ペルシアのアッバース一世が、アルメニア人を集団で移住させたからである。十六世紀後半から十七世紀になると、アルメニア人は東はインドから西はヨーロッパまでの都市に居住して、長距離貿易のネットワークを形成していたのだ。

アルメニア人街（イスファハン）

「アッバース一世は、移住させたアルメニア教徒をイスファハンの市街地の南に特別地区を割り当て、この地区に住む者には住宅建設を援助し、街区ごとに教会を建設するとともに、異教徒の住民が支払うべき人頭税を免除した。王室が独占する絹の国際貿易も、この地区のアルメニア教徒にその運営を任せていた。」

アッバース一世がこのように種々の特権を与えてまでアルメニア人を保護したのは、「アルメニア教徒を利用することが、いかに大切かをよく認識していたからこそであった。[10]」

アルメニア正教会

壁画

修復中の教会内部

二十年以上も前にイランを周遊したとき、私は古都イスファハンにも立ち寄ったが、整然と区画されたイマーム広場のかたわらに建てられた、王のモスクの豪壮さと王妃のモスクの繊細華麗さには、目ばかりか心も奪われてしまった。天井のドームには黄金色の花びらがちりばめられ、その頂点から射し込んでくる一条の光に、この世のものとは思えない神秘さを感じて、じっと見上げたまましばらく立ちつくしていた。

そこからさほど離れていない高い塀に囲まれた一画に、アルメニア教会があった。ドームや塔があって外観はモスクとあまり変わらなかったが、中に入ってみると、壁面にモザイクタイルが張りめぐらされていて思いのほか広かった。おやっと奇異に感じたのは、偶像が禁止されているはずのイスラムのイランで壁画が描かれていて、羽根をつけた天使の大きな目が私を見つめていたことである。

教会の内部は手入れがゆきとどいているようで、鉄のパイプや脚立が置かれていたから、修復なども進められているのだろう。その教会の近くには住宅に格子窓のついたアルメニア人街もあって、いまもかなりの人が住んでいるようだった。そのとき私はタイムスリップならぬスペーススリップしたように感じたが、シャルダンの記述を読んでなるほどと納得できた。

## アナトリアを征服したオスマントルコ

しばらくトルコから離れていたが、それをまったく忘れてしまったわけではない。

トルコ系の諸集団は十世紀以降、中央アジアからコーカサスを抜けて、バルカン半島やアナトリア半島に侵入し、定住していったが、そのなかでペルシアの大半を征服して独自の帝国を創始したのは、セルジュク朝であった。一世紀もたたないうちに、このセルジュク朝が分裂して、アナトリア半島の東半分にトルコ系の小王国が分立したなかで、オスマン族が最も強盛になり、一三二六年に族長オスマンが独立して、マルマラ海に近いブルサを最初の首都に定めた。そして衰退が目立つ東ローマ帝国の領土を矢継ぎ早やに侵略し、コンスタンティノープルに向かって進んでいった。

騎馬遊牧民族として、襲撃や略奪を本業のようにしてきたオスマントルコではあったが、技術開発真っ盛りのヨーロッパと接触するにつれて、火砲の爆発力を強める技術に磨きをかけ、築城術や攻城術にも理解を深めていった。オスマントルコのスルタンは、ハンガリアからきた技術者に希望する金額の四倍を振舞ったうえ、必要とする援助は何でも提供したという。

三方を海と高い崖に囲まれ、難攻不落だと言われてきたコンスタンティノープルも、陸地に続いている西側だけは一四マイルに及ぶ分厚い城壁によって護られていた。ということは、大砲でその壁をぶち破れば、突破口が開けるということである。

ハンガリア人の技術者が作った巨砲をもってすれば、その壁を打ち破ることができるという目途がついたスルタンのメフメト二世は、一四五三年春、ついにコンスタンティノープルの総攻撃に踏み切った。

何か所かで城壁が突破されると、包囲していた八万の大軍が、どっとばかりに市内になだれ込んでいった。

千年以上もそこを本拠にしていた東ローマ帝国の皇帝は、「首都はいまやキリストと聖母マリヤを信じるのみだ」[11]と言っていたが、その神頼みも空しかった。

スルタンが最初に突破を命じたのは、戦利品のためとあれば異教徒もキリスト教徒も区別せずという、雑多な民族出身の乱暴者たちであった。「ひとたび市内に入ると、誰も彼も戦利品あさりに加わった。兵士たちは男女、子供の区別なく、街路で見つけ次第殺害した。高台から金角湾に降りる急な坂道には、血が川となって流れ下った。だが、この殺戮への欲望は、ほどなく静まった。兵士たちは、捕虜や貴重品を獲得した方がもっと得だということが分かったからだ。」

名高い聖ソフィア聖堂をはじめ、大小の教会にも兵士たちは乗り込んでいったが、厚い鉄の扉の内側で奇蹟を求めて祈っていた会衆は、その場で殺されるか、奴隷として鎖や綱に繋がれて引き立てられていった。

「宝石をちりばめた多数の十字架が持ち出され、それらのなかにはトルコのターバンがいきに巻かれたものもあった。」

虐殺による犠牲者は、非戦闘員も含めて四千人になったと言われるが、荒れ果てた首都がいくらか落ち着きを取り戻すと、スルタンからの特別の奨励を受けて、移住してきたアルメニア人たちはさっそくいつものように商売を始めた。

## 三大陸を跨ぐオスマン帝国

古代ローマとキリスト教界の象徴的存在であったコンスタンティノープルが無残に陥落すると、アナトリア半島とバルカン半島はイスラム教徒のトルコ人たちの内庭のようになってしまった。こうなれば、彼らは征服したところにはどこへなりと出かけていくことができる。

これまでためていた力が爆発したように、オスマントルコは一四六〇年にギリシア全土を併合し、一四七八年にはアルバニアを奪取したかと思うと、一四九〇年にはバルカン半島の大部分を領有してしまった。

手近なところを片づけると、今度は地中海の対岸に目をつけて、一五一七年には老大国のエジプトまで占領してしまったのである。

こうしてイスラム教の名を高からしめ、その保護者のようになったトルコのスルタンは、イスラム教圏全体の教主として「カリフ」の称号を名乗ることが許され、従来の帝王・君主としてのスルタンと合わせて、ここにスルタン＝カリフ制が成立したのである。

威名が四辺に轟くオスマントルコは、打って返してヨーロッパに侵入し、二度にわたりハプスブルク家が支配する音楽の都ウイーンを包囲したが、ポーランドなどからの援軍で、ついにこれを陥すことができなかった。しかし、トルコの軍楽隊の、一拍目に強烈なビートをかける太鼓の連打がヨーロッパ人に与えた恐怖は、モーツアルトとベートーベンの「トルコ行進曲」となって、今も世界中に鳴り響いている。

オーストリアからは撤退したものの、すぐ隣のハンガリアを攻めてこれを併合し、地中海を越えてチュニジアも呑み込んでしまった。

コンスタンティノープルを我が物にしてから、息つく暇もなく戦い続けたオスマントルコは、ものの一世紀ほどの間に渺たる辺境の一遊牧国家から、アジアとヨーロッパとアフリカという三つの大陸を跨ぐ大帝国になってしまったのだ。

## 帝政ロシアの進出

このようなオスマントルコの破格の大出世を苦々しく、時には忌々しく、また戦慄しながら見守っていたのは、これまた急速に大国化してきた帝政ロシアであった。

ロシアは黒海を介してトルコとは一衣帯水であるばかりでなく、バルカン半島を通してトルコとは陸続きであった。しかも、ロシア人自身が中央アジアからきた遊牧民のモンゴルにさんざん痛めつけられたばかりでなく、バルカン半島に多数住んでいる同じ血で繋がるスラヴ人が、トルコ人に虐待されているというニュースが嫌でも耳に入ってくる。かくなるうえは自らに及んでくる脅威を払い除けるためばかりでなく、友邦であるスラヴ人を窮地から救い出すためにも、どっしりした重い腰を上げざるをえない。

十八世紀も半ばを過ぎると、永い冬眠から目覚めた北方の大熊は、のっしのっしとオスマン帝国に向かって動き出したのである。

一七六八年から始まった第一次ロシア・トルコ戦争で、黒海に突き出ているクリミア半島を占領し、その一五年後にはモンゴルが遺していったクリミア汗国も併合してしまった。さらに一七八七年には第二次の対トルコ戦争を起こして、すでに力が萎えつつあったオスマン帝国に大きなダメージを与えた。

こうなってはロシアの攻勢はとどまるところを知らず、国内にデカブリストの乱のような反帝政の運動を抱えながらも、一八二八年には第一次バルカン戦争に火をつけて、スラヴ系のセルビアをトルコから解放させた。これが一八五四年のクリミア戦争につながっていって、黒海に面したセバストポーリ包囲戦で、トルコ軍は窮地に追い込まれてしまった。

ことここに至ると、問題はロシアとトルコだけのものにとどまらなくなってきた。というのも、ロシアがトルコを抑え込めば、ロシア海軍が黒海を自由に動きまわれるようになるばかりでなく、イスタンブルと名を変えていたかつてのコンスタンティノープルが、ロシアの手に落ちるようなことがあれば、ロシアの艦隊は地中海から大西洋に好きなように首を出すことができるようになり、ウクライナの穀倉からの小麦やシベリアの材木や毛皮も、黒海からボスポラスのルートで直接にヨーロッパに流れ込むことになる。

これはイギリスとフランスの植民地大国にとっては、まことに由々しい問題である。トルコの劣勢を座視できなくなった両国は、セバストポーリ包囲戦に参入して、なんとかトルコの敗北を食い止めた。ロシアは、本国から遠いクリミア半島まで、戦争に必要な物資を列車で大量輸送する体制ができていなかったこともあって、この戦争は痛み分けのようになったが、戦いを指導したニコライ一世が病没したことから、結果的にロシアの負け戦のようになってしまった。

しかし、これくらいのことでロシアのバルカンへの進出が止められるようなことはなく、一八七七年にはまたまたロシア・トルコ戦争、いわゆる露土戦争が始まったのである。

## 狂喜し悩むドストエフスキー

そのころ晩年を迎えつつあったロシアの大作家ドストエフスキーは、長編の『未成年』を完成したあと、ずっと構想を温めていた個人雑誌『作家の日記』の刊行を、アンナ夫人の協力を得てやっと実現にこぎつけた。そして、その雑誌の原稿の執筆と販売が軌道に乗りかかったときに勃発したのが、この露土戦争であったのである。

ドストエフスキーはもともと燃えやすい性格であったが、この戦争が彼の愛国心に火をつけてしまったのだ。

実際に戦争の火蓋が切られる一年ほど前に、何にでものぼせやすい彼は雑誌にこう書いた。

――「狂った頭（例の非正規の暴徒集団パーシー・ボーズク）やチェルケス人による、老人や婦女子など、平和を愛するブルガリア人の恐るべき殺戮――これらすべてが戦争に点火し、戦争を進展させたのだ。……トルコ人たちには、その狂信にもかかわらず、著しい無秩序と大きな困惑が見られる。」

ドストエフスキーが書いているブルガリアの虐殺事件というのはは、一八七六年に現実に起こったことである。ドストエフスキーの筆はここからさらに飛躍する。――「ヨーロッパの人々は、トルコという病人をベッドから引きずり出すのを許すだろうか。」

その頂点から下り坂に向かっているオスマントルコは、ヨーロッパ人から「病人」扱いされているのである。この後すぐ、彼はロシアの立場に戻る。

「何のために、いかなる道義的権利で、ロシアはコンスタンティノープルを求めうるのか。それはロシア正教の指導者、保護者としてである。」

コンスタンティノープルをロシアのものにするということは、ロシアにとっても彼自身にとってもずっと見果てぬ夢であった。それが今度の戦争でトルコを倒せば現実のものになるではないか。ドストエフスキーならずとも、わくわくして筆が弾むというものだろう。

「これは、世界に強者であったすべての国にとって、まさに誘惑となろう。」その世界の強者にロシアはもうすぐなろうとしているのである。「ロシアにとって、今ほど敵に危害を加えられる恐れのない時代はなかったのだ。」

ロシアにはこれまでモスクワとペテルブルグという二つの帝都があり、「双頭の鷲」を紋章に掲げてきたが、それにコンスタンティノープルが加われば、「三頭の鷲」ということになる。だから、その奇蹟は是が非でもロシアのものにならなければならないのだ！

「皇帝の詔勅が読みあげられたとき、民衆は十字を切って開戦を祝い合った。我々が決起したのは、トルコ人によってさんざん苦しめられているスラヴの兄弟のためではなく、自分自身を救うためである。――我々が呼吸している空気を戦争は新鮮にしてくれる。(12)」

開戦から一年ほどして、トルコとの戦いが予想以上に順調に展開すると、彼の言葉はますます上ずってくる。「シニシズムの悩みは吹き飛ばされ、名誉ある功業に対する尊敬の念が生まれてくる。……それに、拳骨に対する尊敬もだ。」

しかし、それにすぐ続く文章を読んでいくと、ますます驚きが大きくなる。

「ブルガリアの壊滅のあと、ロシアに連れてこられた幼いブルガリアの孤児たちの面倒を見ているが、そのなかに一〇歳ほどの病弱な女の子がいる。その子は自分の見ている前で、トルコ人たちがその父親の皮を生きながら剝ぐのを見ている。……その孤児院には、もう一人やはり一〇歳ほどの女の子がいて、この子には耐えられないような思い出がある。トルコ人たちが、彼女の二、三歳になる弟を捕まえて、まず針で両方の目をつぶし、それから棒杭の上にお尻から突き刺した。小さな男の子は、死ぬまでの間、恐ろしいほど長いこと泣き叫んでいたという。」

これをドストエフスキーは逸話《アネクドート》として書いているから、彼自身が女の子から直接に聞き出したのではないにしても、孤児院を取材しているうちに、彼女たちを世話している人から教えられたのであろう。

戦勝の熱狂から冷静さを取り戻した彼には、こんな聞き捨てできない話にヒューマニストの血が騒ぐのである。

ドストエフスキーは感情に動かされやすく、その振幅も大きいが、それが彼の小説の魅力にもなっている。

「コンスタンティノープルには、かつてのクラカフのように自由都市にすることは不可能である。なぜなら、それはあらゆる醜悪きわまる陰謀の巣窟となり、全世界の陰謀者の隠れ家となって、ユダヤ人や投機家の餌食になる恐れがあるからである。……それは永久に我らのものにならなければならない。……ロシアはコンスタンティノープルとそれに必要欠くべからざる周辺の地域、並びにボスポラスおよびこのあたりの海峡を領有して、そこに軍隊、要塞、艦隊を置くだけのことである。……ロシアはコンスタンティノープルを領有した時点で、スラヴ民族並びにすべての東方の諸民族の自由の守り神になるわけだ。[13]」

ドストエフスキーがどう言おうと、ロシアが「東方の諸民族の自由の守り神」になったかどうかは、歴史に証言してもらうほかはない。

ドストエフスキーの筆致からもうかがえるように、この露土戦争ではトルコ軍は守勢にまわるどころか非常な苦戦を強いられた。ヨーロッパでいちばん遅れていると言われる帝政ロシア軍に対してさえ、トルコ軍はまともに立ち向かうことができなくなっていたのである。

「帝政ロシア軍は、バルカン半島のオスマン帝国領内の土地を次々と掌中にし、またコーカサスからアナトリア東部へと進攻して、これら二方面の作戦でトルコ人やムスリムの農民を虐殺した。(14)」

敵に対する残忍さでは、ロシア軍もトルコ軍にひけを取らなかったようである。

ロシア軍は一八七八年一月下旬には、首都イスタンブルの郊外に達していた。若いスルタンのアブデュル・ハミトは首都の城門でロシア軍と休戦することを受け入れざるをえなかった。つまり、オスマン帝国はロシアに敗北を喫してしまったのである。

## 戦争の敗北とオスマン帝国の縮小

この露土戦争の後始末をつけたのは、一八七八年に開かれたベルリン会議であった。その主催国はドイツで、この前後から見違えるように実力をつけてきたプロシアの宰相ビスマルクが議長としてそれを取り仕切った。この会議はロシアとトルコの戦争だけでなく、バルカン半島の多くの紛争も同時に解決しようとしたので、ヨーロッパ列強のイギリスとフランスを始め、オーストリア＝ハンガリーなども出席した。そして、「ベルリン条約」なるものが結ばれたが、その条項によりオスマン帝国はアナトリア半島とバルカン半島の領土の五分の二と人口も五五〇万人、一五パーセント以上も失ってしまった。

あの三つの大陸に威光を放ってきたオスマン帝国の凋落ぶりは、いまや誰の目にも明らかであった。

この冷厳きわまる事実を最も痛切に感じていたのは、もちろん、独裁者のスルタン、アブデュル・ハミトであった。軍事力は言うに及ばず、政治体制も、経済や財政も、科学技術の研究や導入においても、ヨーロッパから決定的に遅れてしまったことは、目を覆うべくもなかったからだ。

即位当初は開明的であると見られたスルタンは、一八七六年にオスマン帝国憲法を公布し、選挙で選ばれた議員によるトルコで初の議会が開かれたが、ロシアとの戦争が険しくなり、不利に傾くにしたがって、自分で作ったばかりの憲法を廃止し、議会も停止してしまった。こうしてアブデュル・ハミトは即位してから五年もたたないうちに、にわかづくりの啓蒙君主から専制君主に豹変してしまったのである。

オスマン帝国にとって、これはただ深刻だなどと言ってはいられないような深刻な事態であった。あの農奴制に足を引っ張られてきた、ヨーロッパの落第生ともいうべきロシアにも敗北してしまったからである。

スルタンは大童《おおわらわ》になってあたふたと対策にこれつとめたが、あたふたとしかできなかったところにオスマン帝国の深刻さがあった。

それは国家体制と権力のあり方の根幹にかかわるものであったからである。

## 近代化に乗り遅れたオスマン帝国

オスマントルコを帝国として発展させた根幹は、略奪と奴隷制であった。自分で一から育てずに、できあがったものを略奪するのはいちばん効率がよかったし、東欧などから略奪した人間のなかから優秀で従順な若者を選んでは、徹底的に訓練と教育をほどこせば、最も使いやすい奴隷になる。

トルコ軍の精鋭となったのは、このような周辺のキリスト教国から拉致された青年によって構成された、イニエチェリ軍団であった。彼らには軍功に見合う以上の報酬が与えられたばかりか、貴族や高官に抜擢されることもまれではなかったから、危険をものともせずに力戦奮闘せざるをえない。

トルコ軍にはこれらの精鋭を補佐する非正規兵もいたが、あのパーシー・ボーズクという「狂った頭」が最初に乗り込んでいって、無差別虐殺で住民を脅しつけたあと、イエニチェリ軍団が生き残った者をきれいに片づけてしまった。もちろん、彼らには敵の主力部隊に突撃して、活路を開くことも期待されていた。

スルタンその人も、奴隷の例にもれなかったかもしれない。彼は、父親を同じくする大勢の兄弟たちとともに、ハーレムの深窓で監視されながら育ち、父のスルタンが逝去すればその後継者の候補にはなれるが、実際にそうなるのは選ばれた一人だけで、残った皇子たちは深夜に

マルマラ海

トプカピ宮殿のハーレム

船に乗せられて、マルマラ海の底に沈められたという。

スルタンは残酷なことをいやというほど見せつけられながら成人したから、なにか不本意なことが起これば、ついつい残酷なこともしたであろう。

スルタンは独裁君主として全能であったが、そうであるにしては多くのものが欠けていた。そのなかでいちばん重要なのは、人間的な感情と他人に対する忖度であったであろう。このようにあらゆることから隔絶されていれば、国民から同情や期待が寄せられるはずがなく、孤独なスルタンは全能の分身である少数の取り巻きエリートに頼らざるをえないが、彼らにしても同じような欠陥がつきまとっていた。

イスラム軍には天下無双であったあのイニエチェリ軍団も、しょせんはスルタンに金で買われ、権力で養われた傭兵にすぎなかった。帝国防衛の要としてエリートに取り込まれた彼らは、いつの間にか増長してスルタンですら手にあまるようになり、気に食わない者を襲って殺害するなどの事件を度々起こすようになったので、一八二六年にはついに堪忍袋の緒が切れて解散させられてしまった。

卓越した乗馬術や弓術を駆使する彼らは、持ち前の胆力や機略縦横でやすやすと敵陣を突破していっても、それに続く歩兵は数ばかり多くても烏合の衆であったが、相手が遊牧民ならそれで十分通用した。そんなことは百も承知しながら、統制のきかなくなった彼らをみすみす追放せざるをえなくなったところに、スルタンの独裁体制の大きな欠陥があった。しかも、これから帝国が本格的に相まみえなければならないのは、近代化されたヨーロッパの軍隊であったのである。

フランス革命以来、軍隊の主力は騎兵よりも歩兵であった。それも農民か農民あがりの歩兵であった。それぞれに国家の輿望を担った彼らは、国家の独立と名誉のために戦う「国民兵」であった。しかも近代的な性能のいい兵器で武装して、集団としての訓練もたっぷりほどこされていた。数もさることながら、質もそれなりに高いこうした歩兵群に取り囲まれてしまったら、百戦錬磨の騎兵もその中に埋没せざるをえないだろう。

こうして無敵のオスマン軍も思うままに戦局を打開できなくなり、いやでも苦戦を強いられるようになったが、とりわけヨーロッパ軍に立ち向かうときはそうであった。そして、あの鈍重なロシア軍にまで苦杯をなめさせられてしまったのである。

## 「全能の因子」の現実化

ここで、いますこしヨーロッパの事情を探ってみることにしょう。ギリシア伝来の民主主義であれ、キリスト教の神の教えであれ、各個人に「全能の因子」が内在していることを認めている。こうしたことにおいて各個人は平等であるが、もし現実においてそうなっていないとしたら、その責任はあげて個人にある。つまり、「全能の因子」を持ちながら、それを十全に発揮していないからだ。

もちろん、平等とはいっても歴史的な状況によって、個人が受け継いだ身分とか財産とか教養とか能力とかで差があることは事実であるが、それは個人の根性と努力しだいで乗り越えられないほどのものではない。それにも限度があるかもしれないが、基本的には、その差を乗り越える能力もまた平等に与えられているのである。

各個人に内在している「全能の因子」を現実化するためいちばん有効な方法は、個人間の競争である。それも平等の条件における競争である。そうなれば競争は熾烈になり、脱落したり競争が嫌になる者も出てくるであろうから、そうした人たちを救済する措置もなければならないが、多少のぎくしゃくはあるにせよ、誰もが全能をめざす競争に参加することができれば、それだけでも全体のレベルは上がることになるから、それが国家の強みになるのである。

ここで翻ってオスマン帝国における全能のあり方を見てみると、最も全能に近いスルタンの候補者でさえいつその座から滑り落ちないとも限らず、その立場はきわめて不安定であり、エリートにしても全能に近づけば近づくほど不安定になるから、その下でうごめく国民全体の「全能の因子」も不活発にならざるをえない。

いびつで、欠陥のある全能は、全能というよりも不能である。

そうはいっても、遊牧民のチャンピオンとしてのオスマントルコは、無数の家畜を思い通りに飼育する経験から、人間を統率する技術を発展させ、騎馬軍団の機動力とあいまって、三つの大陸を繋ぐ帝国を六百年以上にわたって保持することができたのだ。

## オスマン帝国の金庫番

オスマントルコの全能は、それ自身で完結したものではなく、とりわけ商業や産業や金融の面では大きな欠落を抱え込んでいた。帝国が帝国であるためには、何らかの形でそれを補わなければならないが、ギリシア人やユダヤ人やアルメニア人のような外国人がそれらをやってくれたのである。この書物では、それらのなかからこれまで通りアルメニ人に焦点を当てていくことにする。

オスマン帝国が他を圧して抜群の力を誇っていた時には、征服した民族に対しても、その宗教や習慣や伝統にきわめて寛容であった。ところが、力が傾いてきて、そのような余裕がなくなると、自分たちの得意なことを自由にやっている外国人に対する憤懣がうずきだし、コンプレクスばかりが目立ってくる。

「自由を唱える新オスマン人の目には、(ヨーロッパ) 列強の進出のお先棒を担いで富を蓄積する一方で、兵役免除税を払って、祖国のために血を流さない非イスラム人は、『狡賢い』と映った。[15]」

これらの「非イスラム人」のうち、ギリシア人は独立戦争を経て国家になっていたし、ユダヤ人は世界中にばらまって住んでいるのに、アルメニア人は、人口は少ないながらトランスコーカサスとアナトリア半島東部にまとまって住んでいた。だから、トルコ人が欲求不満や怨念を吐き出す、いちばん手ごろな対象になりやすかったのである。

しばらくアルメニア人を置いてきぼりにしてしまったが、歴史が紀元後に入ると、アルメニア人は急に存在感が薄くなり、前にも述べたように、ローマ帝国とメディア王国の草刈り場になっていたが、中央アジアから遊牧民の勢力が次々と押し寄せくるようになると、あるいはセルジュクトルコ軍が、チムール軍が、モンゴル軍が踝を接するように襲ってきては、めぼしいものを掠め取っては去っていった。そうしているうちに、アルメニア語を話す人たちが集まって暮らすアルメニア国家は、あってなきがごとしになっていった。

それらの後からオスマントルコの勢力が勃興してくると、アルメニアはその帝国の中に取り込まれて、ただの一つの地域のようなものになってしまったのだ。

それでも、アルメニア人は個人として、オスマン帝国にとっては貴重な存在になっていった。なかには、スルタンの金庫番や商売の代理人として、帝国とは切っても切れない関係を結んだ者も出てきた。彼らはちらつきだした帝国の解体ではなく、その内部における自分たちの地位の向上を望んでいたのである。

しかし、こうしてオスマン帝国と密接な関係を持てば持つほど、イスラムの大海に浮かぶ小島のようなキリスト教徒の集団として、警戒されるようになっていった。「オスマンの当局者にとって、外国の敵と同じ宗教を信じている少数派は、トロイの木馬になったのではないかと恐れられた」のである。(16)

確かに、トランスコーカサスなどでは、一二五万人ものアルメニア人が国境のロシア側に住んでいて、ロシア人と混じり合って生活していた。

「ロシアはトルコとの戦争は不可避だと観測し、戦いの『盾』としてアルメニア民族を位置づけて、占領したアルメニア高地の植民地化を進めていた」のだ。

帝政ロシアによって追い詰められつつあるトルコ人は、アルメニア人を疑おうとすればいくらでも疑うことができたであろう。

オスマントルコ帝国が解体する兆候は、アルメニア人に危機が迫っている前触れでもあった。

# 第六章　青年トルコ人による恐怖政治

## 帝国の改革とアルメニア人への同時多発テロ

十九世紀になるとフランス革命の人民主権と民主化の理念が地震波のようにヨーロッパ全土に及んでいって、各国はそれぞれの事情に応じながらそれを採り入れた。そして、それが現実の政治や経済に浸透していくにつれて、着実に、ときには飛躍的に国力が増強されていった。

それをひしひしと感じていたオスマントルコのエリートたちは、なんとしてでもその動きに追随しようとして、古めかしい帝国の改革に目を向けざるをえなかった。たとえそれによって、イスラムの原則やその優越への思い込みが揺らいだとしても、今すぐにも行動を起こすことを迫られたのである。

その第一歩が、一八三九年一一月にトプカピ宮殿のバラの花咲く庭園で、各国の大使の前で読みあげられたギュルハネ勅令であった。クリミア戦争の敗北後にそれをさらに具体化したのが、いわゆる「タンズィマート」勅令である。それは改革勅令とも呼ばれるが、なぜわざわざ「タンズィマート」とかと仰々しく言われるかというと、それにはスルタンから恩恵として与えられたという意味が込められているという。

なるほどそれは画期的とも見えるような内容を持っていて、イスラム教徒ばかりでなく、すべての宗教に属する臣民の生命と財産と名誉の保証が確認されている。これまで何かと差別されてきたキリスト教徒もこの勅令によって、イスラム教徒と同じ立場に足を置くことができるようになったのだ。

しかし、このような勅令はイスラム教徒が大多数を占めるトルコでは、歓迎されるはずがない。とりわけ、キリスト教徒のなかでも目障りなアルメニア人に対する風当たりはいっそう強くなった。そして、彼らに対する疑惑や怒りは時を置かずに爆発する。

イスタンブルに多く住むアルメニア人は、商業や金融ばかりでなく、医学や工学や法律の専門職に就き、トルコ人の庶民には、まるでヨーロッパのブルジョワのように見えた。地方の主な都市でも、彼らはその言動や風采がなにかとが目につきやすかった。

自分で拷問したりして、血を流すことをいとわないことから、「赤いスルタン」という異名をとるようになったアブデュル・ハミトは、十九世紀も末になると、「列強の圧力で改革を約束しながら、一方では、アルメニア民族の一掃を目論んでいた。当時の客観的な証言の数々からも、殺戮が軍と憲兵と官吏の連携の下に行われたことがうかがえる。殺戮の手はアナトリア東部の町や農村に次々と連鎖的に襲いかかり、三か月にわたって続けられた。(1)」

最初に犠牲になったのは、黒海沿岸の港町のトラブゾンで、そこには貿易や金融にたずさわるアルメニア人が多く住んでいた。

「一八九五年一〇月八日の昼ごろ、ラッパの音とともにトルコ兵が商業地区になだれ込み、手当たり次第にアルメニア人の殺戮を始めた。目的は殺すことであり、負傷させるなどと言う者はいなかった。残虐な屠殺は五時間にわたり、それが終わると破壊が行われた。九二〇人のアルメニア人が殺され、さらに多くの市民が家を失い、着の身着のままで、来るべき冬に向かって放り出された。」もともと怨念のマグマが蓄積されていたとしても、このような暴挙が自然発生的に起こったようには思えない。どこか高い所から指令が発せられていたにちがいない。

アルメニア人を狙った集中的な襲撃は、まるで同時多発テロのようなものであった。

「一八九五年一〇月、トルコ人やクルド人の軍団は、イスタンブルからの命令で、六つのアルメニア人が居住する州の村や町々に対する組織的な攻撃を開始した。大殺戮や強制収用や収奪は翌年の夏まで続いた。十万から二十万のアルメニア人が殺された。[2]」

この殺戮はあのトラブゾンの襲撃とぴったり時を同じくする。なお、それにかかわったとされるクルド人は、トルコからペルシアにかけての山岳地帯に住む遊牧民で、厳しい環境による屈強な性格と神出鬼没の機敏な行動で怖れられていた。

ノーマン・ナイマールの『民族浄化のヨーロッパ史』によると、このトラブゾンの大虐殺は、ロシアのユダヤ人に対するポグロムよりはるかに徹底的なものであった。両方とも攻撃を合図したのは政府であり、警察は放置していたという。[3]

平均的なレベルからはかなり豊か暮らしをしていると見られたアルメニア人に対する襲撃は範囲も広く、犠牲者の数も多かったが、それは間もなくやってくる大暴風に比べたら、まだ春の嵐のようなものであった。

## 青年トルコ人の台頭

オスマントルコの弱体化が覆い隠しようもなくなってくると、広大な帝国の各地で騒乱が続発したが、なかでも暴力が日常的に横行したのは、ギリシア本土に近いマケドニアであった。そして、その治安維持を任務とするトルコ軍の第三軍団の中から、後に「青年トルコ人」(英語では Young Turks、青年トルコ党と記されることもある)の運動の中心となるグループが育っていったのである。

なかでも軍医学校で学んでいた若き精鋭たちが一八八九年に「オスマンの統一」という組織を作り、それは専制化を強めてきたスルタンのアブデュル・ハミトに対抗して、老化した帝国の近代化を推し進めていこうとした。この「青年トルコ人」というのは、憲法による統治の復活、議会制民主主義への復帰などを共通の目的に掲げた様々なグループの連合体であったが、そのなかの青年将校たちの仲間は、「オスマンの統一」を最大の目標にして、若いなりにひたむきに帝国の解体を食い止めようとしていた。

「一八九四年になって、パリに逃れていた運動の参加者が糾合されて、『統一と進歩委員会』

と名乗るようになった組織が、かつての新オスマン人運動に似た、官僚と知識人の主導という様相を強めていった。[4]」そして、自分たちの路線は統一しないまま、各地に支部を設けて成員を増やしていったのである。（この「統一と進歩委員会」は英語で Committee of Union and Progress で、これからは「統一委員会」と記す。）

これとは別に、バルカン半島随一の経済都市サロニカ（現在のテサロニキ）で、一九〇六年九月に「オスマン自由委員会」が結成された。その中心になったのは、やはり第三軍団の青年将校や小官吏たちで、その初期のメンバーには、郵便局員のタラートと陸軍少佐のエンヴェルと鉄道の軍事査察官のジェマルの三人が含まれていた。

一九〇八年七月二四日、「陛下の命令により議会が再開された」というニュースが新聞で伝えられると、イスタンブルや各地の都市の広場には群衆が集まった。その祝賀ムードのなかで、エンヴェル少佐は「青年トルコ人」運動の中心地サロニカに列車で乗り入れ、「自由のチャンピオン」として大歓迎された。駅のプラットオームには、鉄道軍事査察官のジェマルと郵便局員のタラートが待ち構えていて、列車から降りてきたエンヴェルを仰々しく出迎えた。

もう少し後になってみると、この三人の出会いは、「歴史的」と言ってもいいようなものになる。

そして、ここから「青年トルコ人」と「統一と進歩委員会」は、解体寸前のオスマントルコの最高権力を求めて駆け登っていくのである。

## 赤いスルタンの退位

時の勢いで「革命的」ともいうべき組織の中枢に押し出された、タラートとエンヴェルとジェマルの三人の指導者は、ただ若いというだけではなくて、自分で大きな組織を動かした経験もまったくない、ほやほやの未熟者だと言ってもよかった。幸運を実力だと取り違えていた彼らは、百戦錬磨の政治家のような落としどころを探る駆け引きなどには目もくれず、思いついたことはどんな反対も押し切って、ずばずばと実行していった。

この三人のうち、タラートは軍隊でたたきあげられたこともなかったが、それだけ胆がすわっていて、ドスもきいた。また、郵便局で電信のキーを打ったということが、これから威力を発揮してくる。

速成的な改革への想いが冷めると、いつの間にやら権力に近づいていた若者たちに対して、政界からも、宗教界からも、実業界からも、さらには軍隊の上官や先輩からも、いっせいに反発と警戒の声が高まってきた。一方、スルタンに忠誠を誓う者たちは、議会へのデモ行進を繰り出した。

こうした反改革の動きを座視できなくなったのは、青年トルコ人の生みの親であり、育ての親でもある、マケドニアの第三軍団であった。血気にはやる少壮将校たちは、「非常軍」を動員して、憲法の復活を合言葉に、首都のイスタンブルへ向かって進軍していった。

サロニカを出発してから一週間後に、彼らの軍隊はイスタンブルを占領し、戒厳令を発したあとで憲法を復活した。こうして赤いスルタンのアブデュル・ハミトは、議会の決議によって、「民主主義的に」退位させられてしまった。

血まみれスルタンの末路は、かくもあっけないものであった。彼は若い力の台頭という情勢を読み違えて、自滅してしまったのである。

**青年トルコ人の三頭政治と第一次世界大戦**

一九〇九年九月にイスタンブルの兵舎で歩兵大隊が決起して、昔ながらの「イスラム憲法」の復活を叫ぶと、この反改革の鎮圧に向かった軍の師団参謀として、少佐のエンヴェルが活躍した。こうして青年トルコ人の「統一と進歩委員会」の実行力が認められるようになると、オスマン社会の停滞を若い彼らが打開してくれるのではないかと、にわかに期待が膨らんでいったのである。

一九一二年にバルカン戦争が始まり、包囲されている古都エディルネをブルガリアに譲るという噂が流れると、それを阻もうとして、大宰相（首相）府を襲うクーデターが起こった。それがひとまず成功すると、その混乱のなかからひょっくりと「統一と進歩委員会」の内閣が誕生したのである。

この瓢箪から駒のような大政変で、エンヴェルは陸軍大臣、ジェマルは海軍大臣、タラートは内務大臣の座をつかむとともに、三人揃って行政官と軍人の最高位である、「パシャ」の称号を与えられたのだ。

ここに、若き三羽烏が首を並べて、何やらいかがわしい三頭政治が始まるのである。なんとなく期待はしていたものの、思っていたよりも早く政権が転がり込んできてしまった。こうなったからには、この三人組がいますぐにも取り組まなければならないのは、コーカサスとバルカンの両面からひたひたと攻め上がってくるロシアの勢力をどう阻止するかであった。そして、その両面に抜き差しならないほど深くかかわっているアルメニア人を、どう処理するかであった。

前にも述べたように、コーカサスでは一二五万人のアルメニア人が国境のロシア側に住み、その一方で、アナトリア半島東部の開発が進み、人口も多い六つの州にはアルメニア人がかたまって住んでいた。そして、この六つの州は国際社会からすでにアルメニア人の居住地だと認められていたのである。

一九一二年六月、ロシアはアナトリア東部に住むアルメニア人の自治を拡大する独自の提案を、オスマントルコの権力の空白をついて持ち出してきた。それに対してオスマン政府は、「この改革プランはアルメニアが国家を形成する序曲であり、国家存亡の危機だと見ていた。青年トルコ人はこの改革プランの実現を何が何でも阻止しようと決めた。内相で三頭領の一人であるタラート・パシャは、アルメニア人を東部六州から追放して、このような改革がまったく必要でなくなるような並外れた措置を計画し始めた。[5]」

この「並外れた措置」はまだタラートの腹案であるにすぎなかったが、数年後には世界が唖然とするような規模と残忍さで実現することになる。

こうしているうちにも、ヨーロッパでは戦雲がますます濃くたちこめてきて、ついに一九一四年の夏、オーストリアの皇太子を狙った一発の銃弾から、第一次世界大戦に火がついてしまったのだ。

それは基本的には、イギリス・フランス・ロシアの協商国と、ドイツとオーストリアの同盟国が、それぞれの植民地を巻き込んで戦うものであったが、オスマントルコにとってそれは願ってもない好機の到来であるかのように見えた。というのは、ヨーロッパの新興強国であるドイツと手を結べば、クリミア戦争以来の度重なる戦争で、領土を侵略してきたロシアのこれ見よがしの横柄ぶりに待ったをかけることができるばかりか、掠め取られた領土を奪い返すことも夢ではないからである。そのうえ、憎んでもあまりあるロシアを叩きのめしたら国民が熱狂して、帝国が抱え込んでいる数々の難題から目をそらせることもできるし、それらを解決する糸口を見つけることもできるではないか。

オスマン帝国の政権を握った若き首脳たちは、ドイツと秘密協定を結ぶ交渉を水面下で進めていたのである。

「ただ一国だけオスマン帝国を対等に扱ったドイツと、タラート内相らは極秘で交渉を続け、一九一四年八月一日にドイツがロシアに宣戦布告した翌日に、その協定への署名がなされた。一〇月二八日にはオスマン艦隊が黒海に出撃し、ロシアの要塞を砲撃して事実上の戦闘状態に入った(6)。」

## アルメニア人に対する「並外れた措置」

ロシアとの開戦でオスマン政府は、溜まりに溜まって破産状態になっている外国への債務の支払いを、一方的に停止してしまった。また、トルコにとって長年の重荷であった「カピチュレーション」という制度も公式に廃止した。これはオスマン帝国が領土内の外国人に認めた恩恵的な制度で、通商や居住の自由、領事裁判権の承認や税金の免除、個人の財産や企業の安全を特別に保障した、外国人にとっては至れり尽くせりのものである。

大戦への参加は、オスマン帝国に限って言えば、こんなメリットもあったかもしれないが、世界的な視野から見れば、もともとヨーロッパ内の紛争にすぎなかったものを、遠く離れたトルコが首を突っ込んだばかりに、それを世界戦争にまで拡大してしまったことになる。

もちろん、この軽率ともいえる参戦は、トルコ自身にものすごいダメージとして跳ね返ってきた。五百年にわたる征服や闘争でやたらと領土を押し拡げてきた帝国は、いざ戦争となればそのすべての国境線で戦わなければならないのだ。クリミアやアナトリアはむろんのこと、ダーダネルス海峡やペルシア湾や紅海やシナイ半島や、さらにはアラビアやアフリカでも敵と砲火を交えなければならない。それはどこも大きな危険をはらんでいるが、とりわけ本土にいちばん近いコーカサス地方はそうであった。

こうしたなかで、ロシアとの国境をまたいで住んでいるアルメニア人は、ロシア軍に加わってオスマン軍と戦ったばかりでなく、ロシアの義勇兵としても勇名を馳せていた。

その一方で、トルコ軍に徴用されたアルメニア人は、闇にまぎれて大量に脱走してしまった。ロシア軍によると、その数は五万人以上にもなるという。このようなアルメニア人の動きは、トルコとロシアの軍事バランスに微妙な影響を与えるばかりではない。トルコ側が最も恐れたのは、情報がロシア側に筒抜けになることであった。

かくなるうえは、アルメニア人にまつわるわずらわしさを一挙に解決するために、この世界から彼らをひとをまとめにして排除してしまおうという、あのタラート内相のまがまがしい「並外れた措置」が、いやでも現実味を帯びてこざるをえない。

## 出世頭の三人衆

このあたりで、あの青年トルコ人の出世頭の三人組の顔ぶれを、ざっとと見ておくことにしよう。

この三人のうちでいちばん派手に立ちまわるのは、陸相のエンヴェルであった。彼は猪突猛進型の性急な男で、これまでもリスクの高い戦略とも言えない戦略に飛びついては運に恵まれてのし上がってきた。

トルコが第一次大戦に加わった年の一二月、功を焦るエンヴェルは、ロシア軍がコーカサスで冬ごもりするのを狙って、奇襲をかける計画を立てた。

季節外れの晴天が終わったあと、真冬の雪になった。コーカサスの高い峰々は猛吹雪に見舞われて、まったく視界が利かなくなり、多くの兵士が本体から離れてしまった。部隊は秩序を失い、煙突から煙が出ている家があれば、そこを襲って食料やときには人命も奪った。こうした状況のなかで自制心を失ったエンヴェルは、顧問団の意見を無視して、ただひたすら攻撃を命じ続けた。

それを待ち構えていたロシア軍との決定的な戦闘が終わると、当初は五万人いた兵力は、戦闘と寒さで一万五千人に減っていた。

このエンヴェルの「犯罪的過失」による敗北は、青年トルコ人にはあまりに無残過ぎてそのまま認めにくいもので、表沙汰にすることが憚られたので、彼は逮捕と処罰の対象になるのを免れたのである。

次に登場する海相のジェマルは、大衆の面前で芝居がかった演技するのが得意だったように見える。世界大戦のどさくさ紛れで、青年トルコ人政府はイギリスからエジプトを取り戻そうとしていたが、陸相のエンヴェルがシナイ半島のイギリス軍基地を叩くためにシリアで軍団を立ち上げる権限をジェマルに与えたところ、一週間もたたないうちにジェマルは任地へ旅立っ

エンヴェル陸相
“Ambassador Morgenthau’s Story” より

タラート内相

ていった。イスタンブル駅で民衆が「エジプトの救世主！」と叫ぶと、「私はエジプトを征服するまでは戻らない」とナポレオンよろしく大見栄を切った。

第三の男タラート内相は、冷静というよりも冷血そのものであった。彼は郵便局の小官吏として、地味な仕事を堅実にこなしながら、あれこれと策謀を練るのを忘れなかった。そして、一度狙いをつけたら、どんなことがあってもやり抜こうという執念深さがあった。すぐ後で見るアルメニア人の絶滅計画を思いつき、それを綿密に計算しながら最後までやり遂げていったのは、このタラートであった。

この三人の役者が揃うことによって、史上まれにみる恐怖政治のお膳立てができあがったのである。

## アルメニア人の強制移住の発動

「青年トルコ人の言動のなかには、ヒトラーやナチ党のそれに似ているようなものがある。エンヴェル・パシャはアルメニア人の総主教に対して、もしロシア人を支援するようなことをすれば、『極端な手段を行使することになる』と威嚇した。最初から無力な犠牲者に対して、哀れみを持ち合わせていないという態度は、きわめてよく似ている。[7]」

エンヴェルは口先だけで脅していたのではない。彼はそれを実行に移すためのとっておきの手段を早手回しに作りあげていたのだ。

「エンヴェルの特務機関は、クルド人やベドゥイン人の部族兵を動員し、囚人を釈放して、非正規兵に仕立てあげていた。そして、一九一五年の春、青年トルコ人がすべてのアルメニア人は危険な第五列（スパイ）であると宣言したとき、統一派は彼らの絶滅計画を助けるため、一般の市民まで動員した。[8]」

オスマントルコの非正規兵がどのようにおぞましい暴力をふるったかは、すでにドストエフスキーの言葉で読者はご存知のはずである。

青年トルコ人の政権は、一九一五年三月に帝国議会をすでに休会してしまっていたので、内相のタラートは議会から何の制約を受けずに、自由に法を制定することができた。彼はいつの間にやら、どんな制度的な承認を得ることもなく、事実上の独裁者の地位についてしまっていたのである。

タラートはとっくにアルメニア人問題を最終的に解決するには、アルメニア人の存在そのものを抹消するほかはないと肚をくくっていた。そして、そのための具体的な措置の第一弾として、彼はアルメニア人の強制移住を発動したのである。——「一九一五年五月二六日、ロシア軍のヴァン湖侵攻の一週間前、タラートはオスマン閣僚会議に一つの法案を提出した。政府はタラートの『強制移住法』を速やかに承認し、アナトリア東部六州のアルメニア人を、ロシア戦線から離れた秘密の場所へ全面的に移住させることを許可した。[9]」

ついにアルメニア人を絶滅するための歯車が、ゆっくりと、不気味な音をたてながら回り始めたのである。

# 第七章　絶滅への大行進

## アルメニア人の死の行進

小なりとはいえ、人口数百万の一つの民族全体を絶滅するというのは、核爆弾でも使わないかぎり、そんなに生易しいことではない。それには神にも匹敵する冷徹で不退転な意志を必要とする。

その神の代理人の役割を果たしたのが、タラートが采配を揮う内務省であった。

「一九一五年五月末、内務省は州と地区総督あてに、すべてのアルメニア人を直ちに追放せよと呼びかけるタラートの署名入りの命令書を送った。このような強制移住の公示と並行して、残ったアルメニア人の被追放者の集団殺戮の秘密命令も発していた。これは文書ではなく、口答で伝えられた(1)。」

アルメニア人の強制移住と秘密殺戮の命令は、タラート内相の公式チャンネルを通して地方へ送られた。こうした時には、彼の郵便局での経験が生かされ、州の総督や組織の支部には自分で電信のキーをたたいて、きめ細かな命令を直接送ったともいわれる。

一九一四年八月二日には第一次大戦にかかわる総動員令がかけられ、アルメニア人の男性は最初は二〇歳から四〇歳まで、ついで一五歳から二〇歳が徴兵対象になり、戦地に駆り出されていった。一方、コーカサスの戦場では、ロシア軍と気脈を通じていると疑われた兵士たちは、武装解除されたうえで、労働大隊に送り込まれてしまった。

「一九一五年四月二四日には、タラート・パシャと同僚たちは、アルメニア人がダーダネルスに上陸した連合軍と提携するのを防ぐために、アルメニア人コミュニティの政治的、文化的指導者たちを一掃することを決めた。トルコ警察は、政治家、ジャーナリスト、政党のメンバー、専門職、宗教の権威者たち二四〇人を、夜襲で一斉逮捕した。(2)」

この四月二四日は「アルメニア人虐殺記念日」になっているが、目前に迫った危機を前に、アルメニア人は頼りにすべき腕力も頭脳も捥ぎ取られてしまったのである。

こうして、いよいよ、アルメニア人絶滅への民族大行進が動き出したのだ。

「アルメニア人の追放と虐殺は、どこでも同じような方法で行われた。町から連れ出されると、男は銃殺され、女と子供と年寄りは弾丸を節約するために、砂漠の炎熱と飢えで倒れるまで歩かされた。海に近いところは、男たちを船に乗せて黒海に乗り出し、沖に出たところで海に投げ捨てた。(3)」

このような地獄絵図はいくらでも引用できるが、もう一つだけにとどめよう。

「戦時下で郷土に残された男たちは、集団で移送するとして招集され、数日間拘留されて拷問されたあと、戸外に出されて縦列行進させられ、人目の届かない停止地点で穴を掘らされて、ナイフで首を切られたり、銃剣で突かれたりして、その中に埋められた。女性や子供と老人は、移送の途中で憲兵や匪賊に襲われて暴行され、道端で死ぬまで行進させられた。……アレッポの難民キャンプに生きてたどり着いた者たちは、砂漠の荒蕪地に放置された。それは目撃者のいない『絶滅のための広大な収容所』であった[4]。」

　この死の行進を共にしたアルメニア人の司祭グリゴリス・バラキアンは、辛うじて生還したあと、その貴重な体験を証言した。

「まだ生き残っている私たちは、すでに血塗られた拷問や死という避けられないつけを払った者たちをうらやましく思った。こうして生き延びた私たちは、生きている殉教者となり、毎日少しずつ死にかけては、また生き返った[5]。」

　最後にもう一つ、アルメニア人の少女ヴェロンの苦難の道行きを見ておくことにしよう。これは実の息子がいくらかフィクションをまじえて回想したもので、のどかな農村で親族や隣人たちに囲まれてなに不自由なく暮らしていたヴェロンは、アルメニア人を襲った強制移住に巻き込まれて追い立てられる身となった。一家には馬車があってそこで寝泊まりできるだけ恵まれていたが、栄養不足と不衛生で妹と二人の弟たちは、コレラにかかってばたばたと倒れていった。

　悲しみと疲労で母親もみるみる衰弱していった。「かあさんは長い時間姿を消すことがあったので、ある日、私はかあさんのあとをつけていった。かあさんは川に向かって歩き、やがていじけた木立のそばの空き地にやってきた。かあさんは急に足を止め、一瞬じっと立ちつくし、やがて一本の木にもたれ、足元からゆっくりとくずおれて、それから泣きだした。はじめは体が震えていただけだったが、やがてすすり泣きが聞こえ、それから激しく泣き始めた。……脚を折って座り込み、胸を喘がせ、もたれていた木からふらふらと離れたかあさんの前に、大きな石が等間隔に三つ並んでいた。(6)」

それから間もなく母親は亡くなり、宝石を売って食料と交換するために町に出かけていた父親も、事故で死んでしまった。

こうしてアルメニアの少女ヴェロンは、天涯孤独になってしまったのだ。

彼女を見舞ったむごたらしい運命は特別なものではなく、故郷からいずこへともなく落ちのびていくアルメニア人にはありふれたものであったという。

ユーフラテス河に沿って歩かされた人たちのなかから、少しでも早く死よりもひどい苦しみから逃れようと、橋や崖の上から激流に飛び込んだ人も数知れなかった。

## 米大使モーゲンソーが見た三人衆

ここからは視点を変えて、一九一三年から一六年まで、コンスタンティノープルでアメリカの大使を務めていた、ヘンリー・モーゲンソーの目から、この目をそむけたくなるようなドラマを見ていくことにしよう。

アルメニア人たちが悲劇に呑みこまれていくのを目の当たりにした彼は、当時はまだ大戦には中立であったアメリカの力を利用して、いくらかでも食い止めることができたらと、青年トルコ人の三頭領をはじめ、トルコと同盟を組んでいたドイツの大使と外交の衝に当たった。ウイルソン大統領の要請で国内に戻った彼は、まだ記憶が生々しいうちに手記の執筆を始め、一九一八年に『ヘンリー・モーゲンソーのストーリー』と題して刊行した。

なぜ「ストーリー」なのかといえば、あのタラートを筆頭とする三人のあくの強い役者たちの演技を、直談判した者ならではの真に迫った筆で描き出したからである。

まず絶滅計画の立案者で牽引者であるタラートについて、モーゲンソーはこのように書いている。――「彼の出生はまったく不明で、祖先はブルガリアのジプシーであったという噂もある。ともかく彼が貧乏な生まれであることは事実で、ナイフとフォークに手を触れたこともなかったという。権力を上りつめても、ニューヨークの中級アパートのような家に住んでいて、家具も質素なものである。」彼のいちばんお気に入りの持ち物は、以前それを扱って生計を立てていた電信機であった。

「肉体的には、彼はとても目立つ姿と顔立ちをしている。力が有り余るような体格とあたりを払うような大きな肩、その岩のように盛り上がった筋肉は、彼のキャリアを作り出していった生まれながらの精神の強靭さをはっきりと打ち出している。」

タラートはその生得の力を自身の立身出世にはむろんのこと、統一委員会のためにも用いた。――「内相になることによって、彼は警察と地方行政のコントロールができるようになったが、それを使って統一委員会の力をも強めようとした。」(7)

タラートはタフなやり手には違いなかったが、貧乏暮らしで身についた気配りもそれなりにしていたようである。

二番手のエンヴェルについて、モーゲンソーはなかなか辛辣な見方をしている。――「彼の性格は冷酷で、憐憫の情に欠けていて、その血も涙もないようなやり口は、くっきりしたハンサムな顔かたち、小柄ながら頑丈な体つき、いかにも人好きのするような振舞い方がそれを際立たせている。」彼の度外れた野心ぶりを見て、友人たちは「小ナポレオン」と呼んでいるという。

モーゲンソーの見るところ、エンヴェルは三〇歳そこそこか、それをたいして上まわってはいないようだ。それなのに、彼の部屋には豪華なタペストリーが張りめぐらされていて、居室の上段の間には黄金の椅子さえ置かれており、まるでどこかの宮殿みたいなのだ。

モーゲンソーならずとも、この贅を尽くした部屋を見まわしてみて、エンヴェルはこのような富をいったいどこから引き出してきたのか不思議に思わざるをえない。というのも、彼の両親は食い詰めて破産するほど貧しかったというし、大臣としての彼の給料もそれほどのものではなく、彼がビジネスに手を出したことも一度もないという。

エンヴェルはこれまでずっと革命家であり、軍隊の指導者であり、政治家であったにすぎない。――「これほど費用のかかる生活をするのに、エンヴェルはどこから金を得ることができたのか？」

このようなことが物見高いコンスタンティノープル雀たちの噂にならないはずがない。エンヴェルの降って湧いたような隆盛ぶりについて、彼は不動産に莫大な投資をしているらしいという話をモーゲンソーは耳にしていた。

エンヴェルのお大尽ぶりをあてこするように、モーゲンソーはこう書いている。――「トルコは法廷を乱用するのを改めるべきだ。そうした後で、公正な行政についてのヨーロッパ的な考えを実現することができる。議論はそれからなのだ。(8)」

もう一人のジェマルはシリアへと旅立って、モーゲンソーの視界からは消えていたが、彼についての言及も手厳しい。

「ジェマルは世界でいちばん力のある人物の一人である。シリアで彼は、まるで中世の泥棒男爵みたいに、なんの束縛も受けずに支配している。彼はスルタンまがいのようなものになって、自分自身の法廷を持ち、好き放題に自分の命令を出している。彼の利己心には、際限というものがないのだ。」

トルコの成り上がり三人衆に対して、このように歯に衣着せぬ人物評をしたあと、モーゲンソーは、彼らの将来についてズバリと診断を下す。――「人々の怒りの高まりは、タラートと

その仲間に対して、いつの日にか爆発するであろう。」彼はその日が意外と早いことをにおわせている。(9)

## トルコ人の狂気じみたプライド

モーゲンソーは、彼が接触した個々の政治家ばかりでなく、トルコ人そのものの本質についても鋭い洞察を見せている。

「トルコ人の精神にゆきわたっている基本的な事実は、他のすべての人種に対する徹底的な軽蔑である。まったく狂気じみたプライドは、この奇妙な種族を解き明かすことができる大きな要素である。」

トルコ人は野蛮だとか、貪欲だとか専横だとかと、外国人にはあまり評判がよくないが、モーゲンソーは、彼らの長所を認めるのにやぶさかではない。

「私が発見することができたかぎりにおいて、トルコ人はただ一つの大きな資質を持っている。それは軍事における天才だ。彼らは権力による支配以外のいかなる法も知らないのである。(10)」

こんなトルコ人を目の前にして、アルメニア人はなんと心もとないことか。すでにコーカサスにおいては、トルコ人による身ぐるみ剝がれるような非武装化によって、アルメニアの軍隊には野蛮そのものの扱いが襲いかかっているではないか。

この冷厳きわまる剝き出しの世界には、「征服する者と征服される者しかいないのである。」

このモーゲンソーの言葉からは、彼の歯ぎしりも聞こえてくるようだ。

## 二十世紀のゴルゴタへの道

トルコと同盟して第一次大戦を戦っているドイツは、トルコ人によるアルメニア人の強制移住の動きは知っていたが、見て見ぬふりをして何も手を打たなかった。

コンスタンティノープルにおけるモーゲンソーのいちばん手強い交渉相手は、ドイツ大使のワーゲンハイムであったが、彼はトルコをドイツに結びつけて戦争に引きずり込む策を練るのに余念がなかった。――「ワーゲンハイムの使命は、いまにも起こりそうな大きな力の激突のなかで、トルコがドイツと同盟するのを絶対に確実にすることであった(11)。」

こんなことでは、ドイツには何も期待すべくもない。

モーゲンソー自身は、アメリカの有力な新聞や雑誌に寄稿したり、インタビューに応じたりして、アルメニアの破滅的な状況を訴えていたが、そんなことでは、アメリカの世論を動かすことはできなかった。アメリカはいまや戦火のヨーロッパからの資材や穀物の特需で、好景気の真っ只中にあり、政治家も大衆も金儲け以外には目もくれなかった。それに、アメリカは新興国の段階から抜け出そうとしている時で、海の向こうのヨーロッパの、それも名前すら聞いたことのないような国のことについて、くちばしを挟むような余裕も趣味もなかった。

アメリカが世界の警察官になるのは、三十年も先の第二次大戦のあとのことなのである。いったん回り出した絶滅の歯車にブレーキをかけることは、アメリカを代表するモーゲンソー大使にもいかんともしがたかった。新たに狩り出された人たちも加わって、アルメニアの死への大行進はとどまるところを知らない。

病気や飢えでどんなにばたばた倒れても、砂漠の熱さと乾燥ですぐ白骨になって、道路端に積み上げられてしまう。それは頭蓋骨が山と積まれたゴルゴタの丘に向かう、十字架を背負ったイエス・キリストにも似ていたが、ユダヤのゴルゴタには強盗や政治犯の何百か何千かの骨しかなかったのに、ここでは何十万という人間の骨がばらばらになって、あたりかまわず散らかっているのである。

これらの難民を押し流していくのは、ノアの時代にメソポタミアからアルメニア高地に持ち上がってきた大洪水のようなものであるが、彼らを救い出してくれる箱舟は、いつまでたっても現われそうもない。それはどこかで座礁してしまったのか、それとも、そんなものはもともと架空の作り話にすぎなかったのか？……

それでも、ノアの子孫だともいわれるアルメニア人は、どこまでも、歩かねばならない。怖ろしくもなんともない死が現実のものになるまでは、肩を寄せ合って歩き続けなければならないのだ！……

昼間でもうかうかできないが、夜のとばりが降りたら、強盗やクルド人が襲ってきて、ボロ

路傍に放置された遺体

“Ambassador Morgenthau’s Story” より

白骨の山

“Ambassador Morgenthau’s Story” より

の山を引っかきまわしては、なにか金目になりそうなものを見つけたら、さっさとかっさらっていってしまう。

行進が始まったころは、若くて美しい女性はひっ捕らえられて、ハーレムに売られたり、改宗させられたうえでイスラム教徒の男と結婚させられたり、第二、第三の妻にさせられたりした。

生きていることは、死ぬことよりどれだけつらく、苦しいことか。

砂漠の西の果てに、楕円に伸びた赤い太陽が喘ぐように吸い込まれていくと、頭上を覆った漆黒の空に嵌め込まれた無数の星が、ただわけもなくきらきら光っている。あの星々に包み込まれて生きられたら、そして、ただこの世に生きたという何かの証だけでも残されたら、どんなに幸せだろうか……

## ホロコーストの前のホロコースト

「アナトリアにはアルメニア人はもうどこにもいられなくなる。彼らは砂漠以外のどこでも、生きられないのだ」——こう言ったのは、あの鉄面皮のタラート・パシャであった。それでも、いまやその砂漠でさえも生きられなくなったではないか。

「今度の戦争は、どんなことも我々の側で計画した結果ではない。それはアッラーの御業なのだ。」——タラートはこんなことも言ったという。(12)

タラートはアッラーの神を隠れ蓑にしたが、それによって自分たちの責任が消えるわけではない。

「ジェノサイドは、ホロコーストの前のホロコーストである」とアルメニア人を祖先に持つロナルド・サニーは書いている。アルメニア人の大量虐殺が「ジェノサイド」か「ホロコースト」かなどは、学者に議論させておけばいい。大事なことは、すぐ続けて彼が書いていることだ。——「ヒトラーは言った。『どこの誰が今日のこの日にアルメニア人の全滅を話すのか。[13]』」

これはポーランド侵攻直前にヒトラーが演説でぶった言葉だが、その前に彼はこんなことを言っている。——「この戦争で勝ち取るべきゴールは、どこそこの軍事目的まで到達することではなく、反対者を肉体的に抹殺することなのだ。」

アルメニア人の全滅という事実をきちんと記憶して、後の世代に伝えておかなければ、またいつかヒトラーかタラートが現われないともかぎらない。とにかく歴史的な事実を要約すれば次のようになる。——「戦争が終わるまでに、オスマン帝国内のアルメニア人の九〇パーセントは殺されるか、シリアの砂漠に追放されるか、コーカサスや中東で難民になるかして、姿を消してしまった。[14]」

これだけでもとてつもない数字であるが、今でも問題になっているのは、トルコ政府の全滅作戦と強制移住で、どれだけのアルメニア人が殺戮の犠牲になったかということである。サニー自身は六〇万人から百万人の間だとしているが、今なおジェノサイドを認めていないトルコ政府は三〇万人前後だと言い張っていて、だからそれはロシアの攻撃に対する正当防衛にすぎないとジェノサイドを否定している。

これは自己弁護的なにおいが強いが、今日では、一〇〇万人から一五〇万人という線に落ち着いてきているようだ。

アルメニア人のジェノサイドとユダヤ人の数十年後のホロコーストについて、歴史家のブルヌティアンはこう書いている。——「民族主義や人種的な均質性が主張され、特定の少数派の排除のための準備が前もって秘密裡に調整され、実行された。抵抗を防ぐために、欺瞞的な方法が用いられ、異議を唱えたりためらったりした当局者は排除された。計画を監視するために、特別の部隊や委員会が形成され、軍は政治的決定を実行するために用いられた」として、両者には多くの共通の特徴があると結論している。(15)

人間は人間の限界の内に踏み留まることに飽き足らなくなると、時として神の領域に接近しようとして、神さえも仰天するようなことをやってのけることがある。

そうした動きに勢いや弾みがついて、誤った軌道に飛び移ったりすると、もう人間にはどうにも制御することができなくなって、その動きそのものが作り出すマッハの壁のようなものにぶち当たらなければ止まれない。それは一種のカタストロフのようなものであるが、そんなことになったら関係するすべての人間に多大な惨禍をもたらさずにはすまない。

人間の限界を踏みはずさないことが、歴史的に培われた人間の智慧というものかもしれないが、そうした智慧がなかなかつかないことが、そもそもの人間の限界なのであろうか。

**ベルリンでのタラートの最期**

アルメニア人が絶滅される前に、オスマン帝国は第一次大戦の敗戦によって解体に追い込まれてしまった。

トルコが同盟したドイツ軍が敗退すると、オスマンの孤立はどう動かしようもなくなった。一九一七年に大宰相に祭り上げられたタラートは、一八年一〇月八日に辞職を余儀なくされた。

連合国との休戦条約によって、オスマンはバルカン、コーカサス、シリアやアラビア半島、北アフリカの領土をごっそり失い、アナトリア半島とボスポラス海峡で隔てられたバルカン半島の一部という、ほぼ現在の領土に縮小してしまった。

人口比からみて最大の犠牲を強いられたアルメニアにとって、トルコの敗戦は国家として独立するための千載一遇のチャンスであったが、ロシア革命に勝利したボリシェビキがコーカサス一帯を占拠したため、まだ当分お預けということになった。

ところで、第一次大戦への参入の仕掛人であった青年トルコ人の三人組は、敗戦によってどうなったかといえば、タラートを大宰相とする統一派の内閣が瓦解したあと、その首脳たちはドイツの魚雷艇でごっそり首都から脱出してベルリンに逃げ延びた。

「一九一八年四月には百名を越す統一派の有力メンバーが逮捕され、特別法廷がアルメニア人虐殺などの責任を追及した。逮捕された者の多くは、五月末にイギリスによってクレタ島に運ばれた。(16)」

人類への大罪をやってのけた者たちは、ほとんど微罪か形式的な罪を問われただけにとどまったのである。

こんなことではアルメニア人の怒りがおさまるはずがない。

タラートらの青年トルコ人の連中は、戦後のベルリンでドイツ政府にかくまわれて、けっこうな亡命生活を送っていた。

タラートはシャルロッテンブルグのアパートで、妻と一緒にそれほど不自由なく暮らしていた。偽名にしていたが、アルメニア大使館とドイツ政府に密接に接触していた。一九二一年三月一五日、タラートはアパートを出て、ステッキを粋に振りながら、動物園の方へゆっくりと歩いていった。彼は近くに住んでいるアルメニア人の学生が、彼の動きを見張っているのにまったく気づいていなかった。ソゴモン・テヒリィリアンは、まだ二四歳にもなっていなかった。背の高いがっしりした体格の男が彼のアパートの窓際をかすめていったとき、彼は行動を起こす決心をした。

「テヒリィリアンはヘルデンベルク・シュトラーセの向こう側を歩いてきて、さっと道を横切り、獲物が誰であるかを確認した。タラートはそのすぐそばを通り、テヒリィリアンは、彼の頭の後ろに一発の弾丸を撃ち込んだ。タラートは血の海の中に顔から落ちていった。」

テヒリィリアンはドイツ製の九ミリ弾のピストルを投げ捨てると、そのまま街を走っていった。婦人が気を失い、取り囲んだ群衆が彼を殴りつけた。彼はブロークンなドイツ語で叫んだ。「ワタシ、アルメニア人、カレハトルコ人、ドイツ人ニハ害ヲクワエナイ！」(17)

法廷での尋問に、彼は母の幻がタラートを殺せと迫った、と証言した。彼に続いて立ったジェノサイドを生き残った人たちの生々しい言葉は、新聞でセンセーショナルに報じられた。結局。法廷は彼に無罪を宣告した。

これをきっかけとして、青年トルコ人の殺人鬼たちへの報復が始まった。その年の暮れには、エンヴェルがボリシェビキとの戦いで死んだが、彼はアルメニア人に殺されたのだという噂が広がっていった。

驕る青年トルコ人は久しからずということか。

## アルメニアの壊滅とトルコの再生

アルメニアは文字通りの絶滅は免れたものの、その瀬戸際まではいったのである。オスマン帝国内に住んでいた三百万人近くのアルメニア人のうち、百万人以上が殺されるか、追放されてから亡くなった。なんとか生き残った人たちのかなりの部分はアメリカや中近東へ移住し、世界で七百万人以上いるといわれるアルメニア人のうち国内で暮らしているのは二百万人前後に減ってしまった。

特に被害のひどかった古都のエルズルムでは、一一万人がなんと一五〇〇人に激減したのである。これは絶滅以外の何ものでもない。

これほど大きな犠牲を払いながら、大戦が終わったあとも、アルメニア人は自分たちの独立した国家を持つことはできなかった。

講和条約をまとめていた連合国から、トルコはアナトリア半島の分割を要求されていた。「アナトリア東部の四州は、アルメニア人の影響圏と指定されていた。ここにある四〇の町は、アメリカの仲裁の下でオスマン帝国から離脱し、完全な自由を謳歌し、コーカサス地方の新しいアルメニア共和国に編入され、首都をエレヴァンとするとされていた。[18]」

この連合国案は、アルメニアには願ってもないものであったが、トルコ側は猛反発した。とりわけ軍隊の新しいリーダーになったムスターファ・ケマル・パシャは、「トルコ民族主義運動」を立ち上げて、連合国の分割案を断乎として拒否した。

このよう強硬な態度に、アルメニア人もやむをえず立ち上がったが、歴戦の勇者ケマルに率いられたトルコ軍に簡単に蹴散らされてしまった。

アルメニアと同じように連合国から独立を認められたギリシアは、ビザンチン帝国の再興を目指してアナトリア半島に上陸し、ケマルが政府を作ったアンカラに向かって進撃したが、ケマル自ら率いるトルコ軍はこれを打ち破り、地中海に面した商業都市イズミールを奪回したあと、ギリシア軍を海に追い落とした。

この起死回生の勝利によって救国の英雄となったケマルは、一九二二年にスルタン制を廃止して翌二三年には共和国を樹立し、初代大統領に就任した。そして、憲法からイスラムを国教とする条文を削除して、トルコは世俗国家に生まれ変わったのである。

国家というものは自然に生まれるものではなく、強力な指導者が国民を統一し、独立を阻む者をねじ伏せることによって初めてできあがるのだ。国民が血をたぎらせることもなく、血を流すことを怖れていては、国家はいつまでたってもやってきはしない。

ロシアで共産主義革命が成功して、赤軍がコーカサスを占拠すると、アルメニアはソ連の構成共和国に組み込まれて、目の前にちらついていた独立は、また幻のように消えていってしまった。

# 第八章　なぜジェノサイドの標的にされたか

## ヴァン湖畔の住民の蜂起

アルメニア人は商売は滅法強いが、いざ戦いとなると軟弱で、臆病なのだなどと陰口をたたかれてもいたが、本当にそうだったのだろうか。

コーカサス地方に住むアルメニア人はロシアの正規軍に加わり、義勇兵にも応募したが、トルコとの戦いでの勇猛さはよく知られていた。その一方で、アナトリア半島のアルメニア人もオスマントルコ軍のなかで見かけだけは忠実に戦った。

個人としてのアルメニア人は、決して軟弱でも臆病でもなかった。それをいちばん警戒していたのは、青年トルコ人の政府であったのである。

「コーカサス地方では、ロシアとアルメニアの共同作戦が、オスマン軍の特に弱いところを脅かしていた。……一九一五年三月、帝国の首都に蔓延していたパニックは、それ相応の根拠があった。帝国は崩壊が著しく迫ったように見られたからである(1)。」

その同じ一九一五年三月に、トルコの憲兵と秘密組織の部隊は、アルメニア人住民の全体を

パンを求めて群がるヴァン湖周辺の難民

武装解除せよという指令を受け取ったが、それはきわめて厳格に実行された。警察官がアルメニア人の家を一軒一軒しらみつぶしに回って武器を渡すよう要求し、それを拒めば逮捕された。さらに、小銃や機関銃を隠し持っている隣人の名前を聞き出そうとした。刑務所に連行されて拷問にかけられた者もいたので、逆上して秘かに武器を購入したりもした。

アナトリア東部のヴァン湖のまわりに古くから開けた都市の住民は、命令に従うのは虐殺につながると考えて、自ら防衛団を組織し、オスマンの守備隊を孤立させた。

「彼らは統一派の報復から自分たちを救ってくれると思っていたロシア軍の攻撃に望みを託していたが、この市民たちの英雄的な蜂起は、ドイツ人に指導されたオスマン軍による大砲の集中砲火によって、あえなく粉砕された。[2]」

話はこれより二〇年前にさかのぼるが、アルメニア人がオスマン帝国と闘うために作った民族結社の一つ「フンチャク」（鐘という意味）が、ヨーロッパ人が「トルコ領アルメニア」と呼ぶようになったアナトリア東部地域の改善を訴えるため、イスタンブルへのデモ行進を組織した。そして、オスマン政府に通告文を送り、完全武装しているクルド人から自分たちを護るために、アルメニア人が武装する権利を認めることを要求した。その後で彼らは帝国政府の代名詞ともいうべき「崇高門」と呼ばれる建物を取り囲んだため、常日ごろからアルメニア人を憎んでいたムスリムの群衆が襲いかかってきて、六〇人の抗議者が殺された。

ヨーロッパの列強が平和的なデモ隊の殺害に抗議して、国際的な圧力が高まってくると、なんとかこれをかわそうとしたスルタンは、アナトリア東部のエルズルム、ヴァン、ビトリスなどの六州の改革を約束する法令を出したのである(3)。

こうした因縁のあるヴァンであるからこそ、住民たちは命がけで蜂起したのだ。

## 国家のないアルメニア人の悲劇

アルメニア人は、個人としても地域集団としても勇敢に戦うことができたが、残念にも、彼らにはそれらすべてを一つにまとめる国家というものがなかった。その当然の結果として、国民軍というものがなく、兵士たちを組織的に徴募して、訓練や装備をほどこしたり、それにふさわしい統一的な戦略や作戦を立てることができなかった。だから、ばらばらの集団がいかに勇戦奮闘しようとも、オスマンのような第一級の軍隊には、簡単に各個撃破されてしまうのである。

地理的にみても、アルメニアはコーカサスとアナトリアの東西に分断されていてまとまりにくいうえに、人口が少なくて山がちの土地に分散して住んでいるから、大軍が侵入してきたらひとたまりもない。

それでも、同じような条件の土地に住んでいるスイス人の場合、強大なハプスブルグ帝国との長く苦しい戦いの末に独立した国を作り、ドイツ語、フランス語、イタリア語と使う言葉は違っていても、国民皆兵でがっちりと一つにまとまり、どんな敵に対しても一歩も譲らない。

国がないといえば、アルメニア人と隣り合って住むクルド人は今なおそうであるが、彼らは山の中の隠れ家のようなところに籠って武器を磨き、ふだんは遊牧で暮らしをたてながら、目ぼしい獲物を見つけたら襲いかかって略奪し、ときには侵入してきた大軍に誘われて、おこぼれにあずかることもあった。

現在、クルド人には地域政府があり、独立国家ではないものの、二十万人近い自前の軍隊を持っていて、自治区の国境を護っている。

スイス人もクルド人も不利な条件をものともせず、今なお健在なのである

国家がなければ国民軍ができないし、国民軍がなければ国家はできない。これはディレンマのようにも見えるが、それほど複雑なものではない。ともかくも、いかなる困難があろうと

も、まずは国家か国民軍かのどちらかを先に作れば、もう一方のものも自ずとできてくるのではないのか。

ここで国家の指導者について考えてみたい。トルコの近代化を見事にやってのけたケマル・パシャは、アタチュルク（トルコ人の父）と呼ばれて、現在でも国民全体から慕われている。アルメニアにも「フンチャク」（鐘）と「ダシュナク」（連盟）という二つの政治結社があり、前者はスイスとフランスに留学した学生がジュネーブで結成したもので、後者はモスクワで社会主義の洗礼を受けていた。しかし、この両者とも国民的な政党にまでは至らず、当然といえば当然だが、国民的な目標に向かって国民全体を束ねる指導者も出現しなかった。この二つの結社がしたことといえば、急進的な宣伝や散発的なテロ活動くらいなもので、トルコ当局に弾圧の口実を与えただけである。

国家が置かれた状況が危機的になればなるほど、真に指導者にふさわしい指導者が待望されるのだ。

## 古代ギリシア人の奇蹟的脱出

指導者について書いたついでに、時計の針を古代ギリシアにまで一気に逆戻りさせてみたい。これからの歴史的エピソードの主人公は、ソクラテスの弟子の一人であるクセノフォンである。彼は『ソクラテスの思い出』という著書で知られているが、騎兵として戦闘に参加したこともあり、偉大な師から政治や軍事について直接教えを受けていた。

このクセノフォンは、ペロポネソス戦争後のアテナイの混乱にいや気がさして、ペルシアのダリウス二世の子息であるキュロスの王位奪還に加勢しようと、ギリシアの重装歩兵など一万数千人とともに、アナトリア半島の沿岸からバビロンに向かった。だが、ペルシア王を倒す前にキュロス自身が倒されてしまったために、目標を失ったギリシア軍は敵中深く孤立することになった。そこから始まる七千キロの逃避行が、クセノフォンが書いた『アナバシス』なのである。そして、彼らが辿っていったのが、アルメニア人の絶滅への大行進の逆のルートであったのだ。

もともとクセノフォンは指揮官でも部隊長でもなく、ただの従軍者の一人にすぎなかったが、アルメニア山地にさしかかったころに指揮官の大半が謀略にかかって捕えられてしまったために、クセノフォンがいつの間にか部隊の引率者に押し出されてしまった。そして、ペルシアの大軍やクルド人を思わせる剽悍な山岳部族民に追われながら、雪深いアルメニア山地に分け入って、クセノフォンの統率力と的確な判断のもとに、とても越えられそうもない険しい山登りもやってのけて、窮地の連続からなんとか脱出することができたのだ。

部落に出て食料を調達しては山また山を越えているうちに、兵士たちの叫び声が大きくなった。――「するとたちまち兵士たちが、『海だ。海だ』と叫びながら、順々にそれを言い送っている声が聞こえてきた。とたんに後続部隊も全員が駆け出し、荷を負った獣も馬も走った。全軍が頂上に着くと、兵士たちは泣きながら互いに抱き合い、指揮官にも隊長にも抱きついた。」[4]

この瞬間は、逃避行の文字通りのクライマックスであった。

クセノフォンに率いられたギリシア軍は、そこから一目散に黒海へと降っていって、トラブゾンあたりで船に乗り、一年三か月ぶりに振り出しの地中海沿岸に帰還した。生き残った兵は約五千人で、犠牲者や脱落者もかなり出たが、あの絶望的な状況でよくぞ絶滅されずにすんだものだとも思えてくる。

もしあの時、アルメニア人のなかからクセノフォンのような指導者が現われていたらどうなったのか、などと私はついつい考えてしまう。しかし、見落としてはならないのは、これらのギリシア人たちは敗残兵ではなく、完全武装を解いてはいなかったことである。

## アルメニア人財産の没収と競売

青年トルコ人政府のアルメニア人絶滅政策には、もうひとつ大きな目論見があった。それはアルメニア人が蓄え込んだ財産の徹底的な略取である。一九一四年八月の非公開の会議で、アルメニア人の財産没収が決められていたのだ。

「トルコ人の商業資本家層と官僚は、『国家経済』という政策を打ち出し、オスマン経済から非ムスリム資本家層を排除しようとした。……トルコ人の経済上の羨望や劣等コンプレックスの直接的な結果は、広範な略奪行為として現われた。それは強制追放と殺戮のあとに行われた、アルメニア人財産の模擬競売と結びついた。」中島偉晴氏はこれは幹部たちの「不正利得」だと断じている[5]。まさしく国家公認のアルメニア人財産の略奪であった。

そういえば、モーゲンソーが書きとめていることにも、それに思い当たるふしがある。三人組の実力者の一人であるエンヴェルが、彼との会話のなかでこんなことを持ち出したからである。——「『いまトルコでは、不動産を投機するとてつもない機会がある。』彼はこんなことまでほのめかした。『自分とあなた（モーゲンソー）が、値上がりが確実な土地を買うことで手を組まないか』と[6]。」

モーゲンソーがエンヴェルの御殿のような邸宅に招かれたときの、これを賄う金はどこから手に入れたのだろうかという疑問は、これで解けたようだ。アルメニア人を追い出した後の上質の土地をタダ同然で手に入れればいいのである。……

## 国民を教育する学校の不在

ここからまた次の疑問が始まる。——アルメニア人がそんなに使いきれないほどの金を溜め込んでいるなら、むざむざトルコ人に奪われるより、その金でどうして傭兵隊を抱え込まなかったのか？

確かに、富裕なイタリア・ルネッサンスの都市国家フィレンツェも、国家の防衛をかなり多数の傭兵に頼っていたが、そこには中核となる自前の軍隊があった。ところが、商売に精を出しすぎて傭兵への依存が高まるにつれて、敵を倒すよりも戦いを長引かせて金を搾り取ろうとする、強欲で狡猾な隊長《コンドッティエーリ》に食いものにされるようになってしまったのだ。

古代のウラルトウ時代はともかく、アルメニア人は強力であろうと弱体であろうと、かつて自分の国の軍隊なるものを持ったことがなかった。そんな国でもないような国が、全面的に傭兵隊に依存したりすれば、その財産はもちろん、自分たちの安全すら乗っ取られるのは目に見ている。

それでは、そのあり余る金で、オスマンのスルタンはじめ大臣や将軍をごっそり買収してしまったらどうであろうか。確かに、一昔前の封建的な帝国であったらそれも有効であっただろうし、事実、十九世紀の末までアルメニア人が曲がりなりにも安楽な暮らしができたのも、そのおかげだったたかのもしれない。

ところが、新たに登場してきた青年トルコ人は、俊英の集まる帝国軍医学校や士官学校で近代的な訓練を受けたばかりか、いくらかはヨーロッパ仕込みの民主主義教育も受けたであろうから、買収などという旧弊なやり口は通用しにくくなったであろう。（エンヴェルのようにこっそり裏口取引していた者もいたとしても。）

国内で金が使いきれなかったら外国に投資して、金融機関や製造企業や新聞社などの最大株主になることで、有力な外国の政府に影響を及ぼすこともできたかもしれないが、どうもアルメニア人はユダヤ人ほど縄張り意識が強くなかったようだし、ユダヤ教のような他から隔絶して自己の尊厳をどこまでも主張するような宗教も持っていなかったから、それがうまくいくという保証はなかったかもしれない。

自分たちで稼いだ金はやはり国内で使うにしくはないが、最も緊急に投資を必要としていたのは、教育と軍隊であるのは言うまでもない。

まず教育から見ていくと、教師になるべき人材も育っていないし、きちんとした学校もない。教育を与えるべき子供たちも山間に散らばっているから、なかなか集めにくい。金があるのだから、最新設備の学校を建てて、優秀な教師を高給で雇えばいいのかもしれないが、それでは金持ちの子弟をエリートにするのに役立つだけである。

教育というものは、なによりもまず国家の基礎となるべき大勢の国民を養成しなければならないが、それには教育理念やそれを具体化した指導要領も必要になるから、ある程度まで国家がそれに関与しなければならなくなる。

いち早く近代化に成功したヨーロッパ諸国に対抗できる、強力な政治と軍隊を待望していたマキァヴェッリは、こんなことを言っている。――「兵士というものは、新しい軍制の下で、良い環境と適切な教育を与えられさえすれば、自身と祖国とに光栄をもたらすのにふさわしい者となる。(7)」

このようにして近代国家を担う国民が誕生すれば、国民軍はできたも同然であり、後はそれを訓練して鍛えあげていけばいい。

教育が国家を支える国民を生み出し、国民軍がその国家を盤石のものにするのである。アルメニア人は国家のないないづくしの末に、あのようにジェノサイドの淵まで追い込まれてしまったのだ。

## 消えた独立の夢

アルメニア国家の独立が目前に迫ったのは、第一次大戦後にオスマン帝国が解体した時であったが、そのまたとないチャンスもグルジアとアゼルバイジャンと一緒にされて、ソ連を構成する共和国の一つにされ、その勢力圏に取り込まれてしまった。それ以来というもの、アルメニアに存在するのは共産党だけとなり、ロシア語が必須科目にされて、学生たちはアルメニアに開設されたロシア語学校への入学を奨励された。こんなことではアルメニアのための教育か、ロシアのための教育か分からなくなってしまうではないか。

第一次大戦後のヨーロッパの秩序を確立しようとして、一九二〇年八月に結ばれたセーヴル条約では、オスマン帝国内のアルメニア人が多く住む地域の分離独立が認められたが、休戦後のトルコの武装が解除されていなかったところへ、ケマル・パシャによる改革で生まれ変わったトルコから強力な横槍が入って、条約そのものが発効できなくなり、アルメニアの独立は今度も流産してしまった。

また、大戦後に設立された国際連盟には委任信託制度なるものが設けられていて、連盟規約には、「独立国として仮承認を受ける段階に達したか、自立することができるまで、受任国の助言と援助をうける」と規定されていて、アルメニアにはその資格があるとされていた(8)。そして、その受任国としてアルメニアの面倒を見ることになったのは、時の大統領が民族自決を主唱したばかりか、民主主義を国是とするアメリカが指定されていたが、アメリカの議会が受任国になるのを拒否したために、その強力な後押しで独立することもかなわなくなってしまった。

アルメニアが独立できずにもたついているのを見計らうかのように、トルコの要求はエスカレートしていって、一九二一年三月にエレヴァンがロシアの赤軍に占領されると、トルコはアルメニアの一部であったアララト山とその周辺を領内に取り込み、アルメニアのシンボルであったアララトの双峰はトルコのものになってしまった。

アルメニア人にとって、国家は逃げ水のようなもので、近づいても近づいても遠くへ去っていくばかりであった。

### ソ連の解体による独立の実現

そうしているうちに七十年近くがたつと、ソ連自体が計画経済による貧困化と人民からの自由の要求によって動揺が激しくなり、一九八九年から九〇年にかけて東ヨーロッパ諸国が次々とソ連の羈絆《きはん》から離れていったので、たまりかねた共産党のゴルバチョフ書記長が、独立国家共同体を立ち上げて収拾をはかろうとした。そして、ソ連内の共和国の結束をさらに強化するために、新しい連邦条約を定めようとしたが、それが難産しているうちにソ連の弱体化を見越して、九一年春にはグルジアが独立を宣言し、夏にはアゼルバイジャンがそれに続いたので、コーカサス共和国にはアルメニアだけが取り残されることになった。

そのような動きのなかで、九一年八月にソ連でクーデターが起こり、ゴルバチョフ自身の立場が危うくなった。アルメニアではこの大揺れのさ中に待ちに待った独立を問う住民投票が行われ、九九パーセントという圧倒的多数で独立が支持された。その翌日に、アルメニア議会は二一三対ゼロで主権国家を宣言し、ソ連邦から離脱した。

一九九一年一二月二五日にゴルバチョフ大統領が辞任し、ソヴィエト社会主義連邦そのものが解体してしまった。

前門の狼であったトルコが、贅肉を削ぎ落とされてなんとか生き永らえることができたのに、後門の大熊のごときロシアは、ペレストロイカやグラスチノチの呪文も空しく、広い国土を持て余した末に栄養失調で倒れたのである。

アルメニアは、このようなロシアの共産党政権の崩壊という時の流れに乗っただけで、自らはこれといって何もしないうちに、何度も摑みぞこなった独立が、まったく他律的にあっけらかんとかなえられてしまったのだ。

チェコ人はプラハの街路を踏みにじったソ連の戦車に、轢《ひ》き倒されることを覚悟して雄々しく立ち向かっていったし、ハンガリア人は銃火をかいくぐって、ベルリンの壁にぶつかっていったというのに、アルメニア人は独立のために何をしたというのか？……

誇りが高く、自負心の強いアルメニア人のことであるから、このような無痛分娩のような独立には心の傷みが残ったであろう。

それでも独立は独立であるから、それと同時にトルコとの国境も確定し、アララト山がトルコの領内に入ることも確定した。アララト山はアルメニア人にとって、登ることはおろか近づくこともできなくなり、ただ眺めることができるだけの山になってしまったのだ。

一九九二年三月二日、アルメニアは主権国家として晴れて国連に加盟したが、それはそれほど晴れがましいものではなかった。

あたかも快晴のアララト山の頂上に、ひとひらの流れ雲がかかっているかのように。

## アルメニア人の心のトラウマ

ジェノサイドがアルメニア人の心にどれほど深い傷を刻みつけたかは、アルメニア人の血を引く作家の、父と子の葛藤に見ることができる。

まず子の方のミハエル・アルレェンは、第二次大戦中にロンドンから家族とともにアメリカに渡り、小説家として成功した。一九七五年に出版した『アララトへの道』に父親を登場させて、その部厚い甲羅で覆われた心の中に分け入っていこうとする。

彼の父もミドル・ネームが一字違うだけの同じ名前で、アルメニア商人の息子としてブルガリアに生まれ、イギリスで教育を受けたあと、『緑色の帽子』の大ヒットで一九二〇年代には人気作家になり、『タイム』誌の表紙を飾ったこともある。

親子でありながらライバルでもあるこの二人は、アルメニア人の古傷に触れることをかたくなに避けてきた。

「私たちの間には、何かがわだかまっていた。——語ることも近づくこともできない何かが。私たちはまるで赤の他人《ストレンジャー》のようであった。」

子は父親を小説家として観察している。——「彼は私の父親であるが、私は彼を怖れていた。……私の父親は、アルメニア人が背負わされた運命的な事情以外のことなら、どんなことでも書いた。」

それでは、アルメニア人はなぜ、いつからこんな苦境に追い込まれてしまったのか？——「アルメニア人が戦う兵士であることをやめて、貿易業者やカーペット商人に転じたとき、彼らはその歴史的な目標から投げ出されてしまったのだ。(9)」

子のアルレェンは、いやでもアルメニア人がたどった運命を、ユダヤ人のそれと対比せざるをえなくなった。——「ユダヤ人の多数は、民族の来し方をこんな風には見ていない。開けられた傷口を永久に耐えなければならないなどとは。……ユダヤ人は彼らの悪夢をアルメニア人よりも、うまくコントロールしている。」

何千年となく苦難に鍛えられてきたユダヤ人は、どんなことにもしたたかに対応することができるのであろう。「彼らはいくらかはそれを解決していた。少なくとも日常生活のなかでは、そのトラウマを手なづけていた。それからもっと自由になっていた。」

彼の見るところ、アルメニア人は物事をとかくあっさりと片づけてしまいがちだから、いやなところまでほじくり出して見ようとはしない。「アルメニア人のやり方で気づくのは、怒りの発作をとことんまで深く突きつめていくことの欠如である。少なくとも、トルコ人に対する感情はこんなものなのだ。激怒の欠如。――地中深く埋め込まれた、皮膚の下の激怒。」

自らの属する民族に対する彼の告発は、限りなく厳しい。そこからは、アルメニア人であることのやるせなさが、ひしひしと伝わってくる。それはまた、父親との関係のやるせなさでもある。――「どうして息子は父親を憎むのか？　どうして息子が自分を産んで保護までしてくれたうえ、自分自身への身の危険が迫ってきたときに私を見捨てたことで、したり顔して父親を憎むことができるのか？」

どうして父親がこんなことをわざわざ息子に弁明できるのか。ただじっとうなだれて、沈黙を守るほかはないではないか。

「父はただ沈黙して、ビロードの帽子のなかに、どうしようもない怒りを押し隠していた。しかし、その怒りがどこへ向かっていったか、私にはよく分かっていた。それは自分自身に対してだ。……アルメニア人であることを避けるために、彼の一生を通してなしてきた闘い、のたうちまわる苦しみのすべてを私は考えてみた。それは『集団としての無意識』から逃れるためであった。[10]」

そうなのだ、アルメニア人の憤激はただ内向するばかりで、なぜか外に向かって、あの暴虐をほしいままにしたトルコ人に対してさえ爆発していきはしない。

アルレェンの怒りは、民族へと、父親へと、自分自身へと、どこまでも深く、深く沈殿していくばかりである。

**失われた故郷への旅立ち**

子のアルレェンは、ついに自分でアルメニアに行く決意をかためた。ニューヨークから六千マイルも離れた父祖の地へ。

それは冒険旅行というほどのものではなかったが、精神的にはそれなりの冒険であった。禁断の国への、そして、自ら禁断してきた国への。

そのころはまだアルメニアがソ連の圏内に放り込まれていたから、アメリカ人で、文筆を職業とする者が簡単に入れるようなところではなかったが、うるさい調査にいちいち答え、煩雑な渡航手続きを済ませて、やっと許可を得ることができた。

それは民族の過去への、見続けてきた夢（悪夢？）への、コンプレックスのもやの彼方への旅であった。太陽が蒼ざめ、灰青色の空に溶け込んでいたある午後、妻を伴って里帰りしたアルレェンは、現地の案内人が運転するリムジンに乗って、アララト平野へ向かっていた。車はすっかり黄色くなった野原や岩だらけの土地をゆっくりと走ったあと、去勢牛の牽く三台の荷車の後ろで、三人が並んで何となく十五分ほど立ちつくしていた。いったんエレヴァンのホテルは戻って帰国の荷造りをすませてから、アララト山を見るためにもう一度、同じ方向へ車を走らせた。その道はアララト平野に立つ記念碑へと続いていた。

ずっと遠くで、アララト山が開けた平野から立ち昇ってきた。アララトの嶺をとり巻いている風や雲は純白の雪が輝いていた。「アララト……ウラルトウ。アララト山の頂上のまわりにの波に思いを潜めるのは、なんという高貴な幻想であろう。(11)」

彼は何十年もの逡巡ののち、とうとう故郷にたどり着いたのだ。

このアルメニア人の故郷については、彼と同じようにアルメニア人の血を引いて、アメリカで作家となったウイリアム・サローヤンが、『美しい白馬の夢』という短編にこんなことを書いている。

盗まれた馬がなかなか見つからないと嘆いている百姓に、おじさんはどなった。——「馬などいなくなったってなんだ。おれたちは故郷をなくしてしまったじゃないか！(12)」

アルレェンは記念碑の前で焚かれた火を見ながら、逸る心を鎮めていた。「私は唐突に、いま自分は故郷にいるのだと思った。それは真っ平らで、何よりも単純で、軽やかな感情であった。」

そのときだった。彼が自分の手の中に父の手を感じたのは。それはただ「手が触った」だけではなかった。「私は以前から何度もそれを感じたことがあった。私の子供のころのいちばん鍵となる記憶は、父の手によって引かれた触覚であった。」

しかし、それとはまったく異なる手の感触でもあった。ニューヨークでの午後、それは亡くなりつつある父が握りしめてくれた手であった。「私の中にある手はあまりにも脆く、あまりにも脆くてそれは私の手よりも小さかった。[13]」

これはあのジェノサイドの魔力によって、牽かれながらも反発し合った父と子の、最終的な和解であったにちがいない。それはたぶん、民族の過去との和解でもあったにちがいない。

彼は後髪を引かれる思いで、またエレヴァンから機中の人になった。

アエロフロート機は、暗緑色のコーカサス山脈の上を飛んでいた。眼下には樹木と鉱脈が露出した岩が見えるだけで、人間の営みなどというものはまったくない。いまその上を飛んでいるアルメニアは、ソ連という大海の中に漂うほんのちっぽけな岩礁であるにすぎないのではないか。

「私たちはアララト山に向かって飛んでいた。その頂上は飛行機と同じほどの高さで、一〇マイルくらい離れているだけである。そのとき飛行機が急に大きく傾いて、キャビンの後部にぶら下がっていた何かがカタカタと音をたてた。すぐ近くにいた誰かが『トルコだ！』と叫んだ[14]」。たぶん、トルコの領空を侵犯するのを避けたのだろう。

「トルコのエアー・スペース！」なんという奇妙な言葉であることか。大気までが今なおトルコに占領されているみたいではないか。飛行機の前には、目に見えない部厚い「エアーカーテン」、いや「エアーウオール」のようなものが張りめぐらされているにちがいない。

そこにはアルメニア人が根を張れるスペースなどまったくないことを、飛行機の急旋回で彼はいやというほど思い知らされた。

それでも、アララト山はある。いつまでも、アララト山は雲を払って誇り高く厳然とそそり立っているのだ。そこに箱舟の残骸があるかどうかなどはどうでもいい。

それは雪の積もった山襞に浮かんだ幻想のようなものなのだろう。

# 第八章　なぜジェノサイドの標的にされたか

## 偶感――結びに代えて

本文中で私は「日本」という言葉を一度も使わなかったが、執筆中に私の心に去来していたのはこの言葉だった。それは国家と表裏一体をなしていて、国家というものがないときに日本はどうなるのかなと絶えず考えていた。

というのも、いまの日本では国家はあってなきがごとしで、国家という言葉は限りなく軽い、特にマスメディアで使われるときは鴻毛よりも軽いような気がする。新聞を読んでいておやっと思ったのは、「改憲よりも森友重い」という見出しだった。

マスメディアには森友とか加計学園とかの言葉がうんざりするほどよく出てくるが、私はそれがどんな学校で何を教えようとしているのか、その学校の何が問題なのかはさっぱり分からない。新聞やテレビをちらちら見ていると、その学校の用地の買収や建設に政府や役人が介入して、学校側に色々と便宜をはかったり、予算をごまかしたりしているらしい。その事実関係については私の知るところではないが、よしんば伝えられているような事実があったにもせよ、それは国をひっくり返すような重大なことであろうか。

百兆円近い予算を使い、何十万人もの役人が働いているのだから、まったく清廉潔白とはいかないだろうが、日本の政府や官庁が腐敗のきわみだとはとても思えない。そんな些細な(?)ことではなく、政府と自民党の体質が問題なのだというのなら、それがどのように腐敗していてねじ曲がっているかなどを論じたものを読んだためしがない。とにかく政府も役人も信用できないというのなら、それは独断的な思い込みではないか。

どうも森友問題とかを国家的な大事件のように騒ぎ立てるのは、いま安倍内閣がとりかかろうとしている憲法改正を、うやむやのうちに葬り去ろうという魂胆が働いているようにも見える。この改憲の眼目は自衛隊を国家の正規の軍隊として認めようというものらしいが、国家も国民軍も持つことができなかったアルメニア人がどのような惨禍に見舞われたかは、本書に目を通された方には身にしみて分かっていただけたのではないかと思っている。(これも独断であるかもしれないが)

憲法について一言いわせてもらうと、それは勝ち取ったものなどではなく、「負け取った」ものではないか。太平洋戦争に負けた代償として、アメリカから恩恵として与えられたものではないか。トルコ語にうとい私は、オスマン帝国の改革の前になぜ「タンズイマート」という言葉がつくのか理解できなかったが、それにはスルタンから「恩恵として与えられた」という意味が込められているらしい。その伝でいけば、日本の現行憲法もアメリカから「恩恵」として与えられたものではないか。だから、それは日本人が勝手に変えることなどもってのほかの「不磨の大典」なのであろう。

もう一つ減らず口をたたかせてもらえば、アルメニア人はなぜ絶滅の瀬戸際まで追い詰められてしまったか、不思議に思われた方も多いかもしれないが、実は私たち日本人も絶滅の崖っぷちまで這いずり込んでいたのである。アメリカ軍の上層部は、もし本土上陸作戦で日本軍が一億総玉砕の覚悟で戦うなら、沖縄戦でのような犠牲者を出さないために、その前に発明したばかりの核爆弾で日本を全滅させようと腹をくくっていたようである。昭和天皇の英断がなかったら、日本の国土は数十発の原子爆弾の放射能で、いまもぺんぺん草すら生えていないだろう。それはアフリカ大陸に上陸したローマ軍が、カルタゴの本土に大量の塩をまいて不毛の地にしてしまったよりも、ずっとひどく長く続いたにちがいない。

日本が改憲して軍隊を持つようになったら、軍国主義化したうえで言論も弾圧して、外国への侵略戦争にのめり込んでしまうという極論を唱える向きもあるかもしれないが、それはいくつもの前提や段階を無視してしまっている。確かに、太平洋戦争に敗れるまでは、皇軍必勝が神話化して、外国が自分たちの思うように動かなかったら戦争に訴えるという性癖があったが、それは戦争というものを物神化してしまったからであった。そして、この物神化というのは、マルクスなどが言っていることとはやや趣を異にして、思い上がった精神が物のように硬直化したあげくに、まともな判断ができなくなってしまうことを意味するのである。

この物神化は、戦争ばかりではなく平和に対しても起こりうる。どんなときにも平和、平和と言っていれば、必ず平和を維持できると信じ込んでしまうからだ。いつも平和、平和と叫んでいたら、その人がきわめつきの善人であることを自他ともに誇示していることになるから、気分がいいにはちがいないが、その気分のよさが判断を狂わせるようなことはないだろうか。もしそうであるなら、それも一種の善の物神化というものであろう。

物事は始めから善と悪とが決まっているのではなく、ある線までは善であっても、その線を越したら悪になるということもありうる。どこまでが善でどこからが悪であるかを判断するのは、非常に微妙で難しいことであるかもしれないが、それをできるかぎり正確に判断するのが、人間の智慧であるように思える。

いまマスメディアで猛威を揮っているのは、形式的な正義というものではないか。そして、それは形式的なものであるがゆえに、その正義は何に対しても千篇一律に適用されてしまい、限度というものがないから極論まで突っ走りやすい。

すこしでも権威的に振舞ったり、女性を差別するような発言をしたりしたら、とりわけそれが社会的な地位の高く、国家的な重要案件にかかわっているような人物であったら、その真意を確かめられることもなく、パワハラだのセクハラだのと糾弾されて、国会での喚問でしどろもどろの答弁をしているうちに、テレビの画面上で極悪人にされてしまう。こんなことばかりしていては、日本にはまともな政治家や指導者は一人もいなくなってしまうのではないかと、いささか心配にもなってくる。

政治というものは善と悪とが解きほぐしがたく絡まり合っているものであるから、それを形式的な正義の立場から一方的に攻め込まれたら、ふてぶてしい政治家といえどもひとたまりもないだろう。

いま日本の政治の主導権を握っているのはマスメディアであるが、大衆に迎合しようとしてそれが形式的な正義を強調すればするほど、大衆もまた正義の味方になったような気分で、善に陶酔しながら現実を見失って判断を狂わせていく。そうしたことが物神化が繁殖する絶好の土壌になるのである。

現在のところ、日本人の混迷は精神の周辺にとどまっているが、それが政治や経済や外交にまで波及していったら、その先に待ち構えているのは国家の破局ということになるのではないか。

これは齢八十歳を越した一高齢者の繰り言だと聞き流していただければ結構だが、形式的な正義はそんな寛大さは持ち合わせていないかもしれない。

二〇一八年七月

じりじりと迫る猛暑の中で

森　和朗

# 註

## はじめに

（1）ジェームズ・フレーザー『洪水伝説』九三―九四頁、星野徹訳、国交社
（2）アンドレ・パロ『聖書の考古学』一五七頁、矢島文夫訳、みすず書房

## 第一章

（1）庄子大亮『大洪水が神話になるとき』三一頁、河出書房新社
（2）『創世記』六・五―七。聖書からの引用は、旧約、新約とも日本聖書協会の一九五五年改訳版による。数字は章と節を記す。
（3）「ギルガメシュ叙事詩」一六一―四頁、後藤光一郎他訳『世界文学大系 第一巻　古代オリエント集』筑摩書房。以下『古代オリエント集』とだけ記す。
（4）「アトラ・ハシース物語」一六七―一九〇頁、後藤光一郎他訳『古代オリエント集』
（5）「洪水伝説」一三―一四頁、五味亨他訳『古代オリエント集』
（6）神々の議論については「アトラ・ハシース」一八一―二頁
（7）小林登志子『文明の誕生』四五頁、中公新書

(8)「ウルの滅亡哀歌」五一—六四頁、五味亨他訳『古代オリエント集』
(9)岡田明子・小林登志子『シュメール神話の世界』二九七、三〇〇、三〇一、三〇三頁、中公新書
(10)小林登志子 前掲書 九五頁

第二章

(1)「創世記」六・五—六、一一—一三
(2)ジャン・ボテロ『バビロンとバイブル』一七七—一八一頁、松島英子訳、法大出版局
(3)ノーマン・コーン『ノアの大洪水』二三頁、浜林正夫訳、大月書店
(4)「エゼキエル書」一六・四九—五〇、二一・三一—八
(5)「ナボム書」三・一—三
(6)『コーラン』二二六—二二七頁、藤本勝治他訳『世界の名著15』中央公論社。以下は『中公名著』とだけ記す
(7)『コーラン』二七四、四九三頁
(8)『コーラン』七九、一九一、一九八頁
(9)『コーラン』九九、四四八頁
(10)アポロドーロス『ギリシア神話』四一頁、高津春繁訳、岩波文庫
(11)J・フレーザー 前掲書 八三、一八七頁

(12)同右　一七二頁
(13)柳田国男「島の人生」三八八、三五〇頁、『柳田国男集　第一巻』筑摩書房（歴史的仮名遣いを現代仮名遣いに改めた）
(14)同右　三九〇頁

## 第三章

(1)「マタイ伝」二四・三七、三九
(2)N・コーン 前掲書　三〇、三五頁
(3)「創世記」九・二四
(4)「ルカ伝」一九・二七
(5)ヘレン・エラーブ『キリスト教封印の世界史』七六頁、井沢元彦訳、徳間書店
(6)同右　一五六頁
(7)E・A・ポー「穽と振子」二四四―二六三頁、谷口精二訳『ポー全集』第一巻　春秋社
(8)メアリー・ボイス『ゾロアスター教』四〇頁、山本由美子訳、講談社学術文庫
(9)キュモン『ミトラの秘儀』六八―六九頁、小川英雄訳、平凡社
(10)中島偉晴『アルメニア人・ジェノサイド』二三六頁、明石書店
(11)プルタルコス「迷信について」二五七、二六九頁、瀬口昌久訳『モラリア2』京大学術出版会

(12) 同右　二六八、二七二頁
(13) アントニー・スミス『選ばれた民』六二頁、一條郁子訳、青木書店

### 第四章

(1) ジャン・ボテロ 前掲書　一一四頁
(2) 「民数記」二三・一九
(3) 「サムエル記　上」一五・一〇
(4) 篠田知和基編『世界の洪水神話』三―四頁、勉誠出版
(5) イェルク・イェレミアス『なぜ神は悔いるのか』四〇頁、関根清三他訳、日本キリスト教団出版局
(6) 日本経済新聞　二〇一八・二・一三
(7) 鈴木正三「破吉利支丹」一三一、一三三―一三六頁、『正三道人全集』山喜房
(8) 「出エジプト記」二〇・四―五
(9) 「イザヤ書」四〇・一七
(10) ディオン・クリュソストモス『弁論集2』二四〇頁、京大出版局
(11) 金子啓明『運慶のまなざし』一、六四頁、岩波書店
(12) 日本経済新聞夕刊　二〇一八・六・一九

註

第五章

（1）B・ビオトロスキー『埋れた古代王国の謎』三三頁、加藤九祚訳、岩波書店
（2）同右　一三頁
（3）J・P・アレム『アルメニア』一三頁、藤野幸雄訳、白水社
（4）ジョージ・ブルヌティアン『アルメニア人の歴史』五六頁、渡辺大作訳、藤原書店
（5）新井政美『トルコ近現代史』一〇二頁、みすず書房
（6）G・ブルヌティアン 前掲書　一八七頁
（7）藤野幸雄『アルメニアの悲劇』八〇頁、新潮社
（8）ジャン・シャルダン『ペルシア紀行』二三九、二五四頁、佐々木康弘他訳、岩波書店
（9）同右　二四三、二九九、二九八頁
（10）羽田正『冒険商人シャルダン』一三九、一四一頁、講談社学術文庫
（11）スティーブン・ランシマン『コンスタンティノープル陥落す』一七九、二一四、二一七頁、護雅夫訳、みすず書房
（12）ドストエフスキー『作家の日記』三〇、三六、三七、一六六、三八一頁、川端香男里訳、『全集第18巻』新潮社
（13）『ドストエフスキー全集　第19巻』七七、七八、二五七―二五九頁

(14) ユージン・ローガン『オスマン帝国の崩壊』二七頁、白須英子訳、白水社

(15) 新井政美 前掲書 八一頁

(16) ドミニック・レーベン『帝国の興亡 上』二八〇頁、松井秀和訳、日本経済新聞社

(17) 中島偉晴『アルメニア・ジェノサイド』一八頁、明石書店

## 第六章

(1) 藤野幸雄『アルメニアの悲劇』一一二―一一三頁

(2) G・ブルヌティアン 前掲書 二九〇頁

(3) ノーマン・ナイマーク『民族浄化のヨーロッパ史』三九頁、山本明代訳、刀水書店

(4) 新井政美『トルコ近現代史』一〇八頁

(5) E・ローガン 前掲書 六七頁

(6) 新井政美 前掲書 五六頁

(7) N・ナイマーク 前掲書 五六頁

(8) E・ローガン 前掲書 二二二頁

(9) E・ローガン 前掲書 二三八頁

## 第七章

（1）E・ローガン 前掲書 二三八頁

（2）E・ローガン前掲書 二三二頁

（3）藤野幸雄 前掲書 一三二頁

（4）中島偉晴『アルメニアを知る65章』一八二―一八四頁、明石書店

（5）E・ローガン 前掲書 二四一頁

（6）デーヴィッド・ケルディアン『アルメニアの少女』一二一―一二二、一二六頁、評論社

（7）Henry Morgenthau "Ambassador Morgenthau's Story" p. 14, 16, Wayne State University ress. Detroit

（8）Ibid, p. 21, 80

（9）Ibid p. 119-120, 129

（10）Ibid p. 191, 192

（11）Ibid p. 6

（12）Ibid p. 232, 2

（13）伊藤順二『現代の起点 第一次世界大戦』七九頁、岩波書店

（14）Ronald Grigor Suny "A History of the Armenian Genocide" p. 147, Princeton University Press, Oxford

(15) G・ブルヌティアン 前掲書　二九九頁
(16) 新井政美 前掲書　一五三頁
(17) R. G. Suny op., cit., p. 143-144
(18) E・ローガン 前掲書　五一六頁

## 第八章

(1) E・ローガン 前掲書　二二一頁
(2) N・ナイマーク 前掲書　四七―四八頁
(3) R. G. Suny op., cit., p. 38-39
(4) クセノポン『アナバシス』一九三頁、松平千秋訳、岩波文庫
(5) 中島偉晴『アルメニア・ジェノサイド』六〇頁、明石書店
(6) H. Morgenthau op.cit. p. 243
(7) マキァヴェッリ「フィレンツェ国を武装化することについての提言」『全集6』四三頁、石黒盛久訳、筑摩書房
(8) 五十嵐元道『支配する人道主義』一二八頁、岩波書店
(9) Michael J Arlen "Passage to Ararat" p. 12, 186, 102-103, Farrar, Strausand Giroux, NY
(10) Ibid p. 181, 188

（11）Ibid p. 189, 240, 249, 250
（12）ウイリアム・サローヤン『わが名はアラム』二四頁、清水俊二訳、晶文社
（13）M. Arlen op., cit., p. 253-255
（14）M. Arlen op., cit., p. 262-263

〈著者紹介〉

森　和朗（もり　かずろう）

昭和 12（1937）年、名古屋生まれ。
名古屋大学経済学部卒。
NHKで報道番組などを担当。国際局チーフ・ディレクター、日本大学芸術学部文芸学科講師などを経て、現在フリー。

著書としては、『たそがれのキッチュ日本』（かや書房）、『マルクスと悪霊』（勁草書房）、『ドストエフスキー　闇からの啓示』（中央公論社）、『虚仮の島』（近代文芸社）、『仮象の迷界 』（D文学研究会）、『吸金鬼ドルキュラの断末魔』（本の風景社）、『神と科学と無』『自我と仮象第Ⅰ部』『自我と仮象第Ⅱ部』『自我と仮象第Ⅲ部』『自由の破局』『甦る自由の思想家 鈴木正三』『黄金を食う神』『漱石の黙示録』『東西を繋ぐ白い道』（以上、鳥影社）などがある。

乗っ取られた箱舟
アララト山をめぐるドラマ

定価（本体 1600円+税）

乱丁・落丁はお取り替えします。

2019年　1月 29日初版第1刷印刷
2019年　2月　4日初版第1刷発行
著　者　森　和朗
発行者　百瀬精一
発行所　鳥影社（www.choeisha.com）
〒160-0023　東京都新宿区西新宿3-5-12トーカン新宿7F
電話　03（5948）6470, FAX 03（5948）6471
〒392-0012　長野県諏訪市四賀 229-1（本社・編集室）
電話 0266（53）2903，FAX 0266（58）6771
印刷・製本　日本ハイコム株式会社

ISBN978-4-86265-728-2　C0022